ALGÉRIE.

SOCIÉTÉ ROUENNAISE-ALGÉRIENNE.

RAPPORT

DE M. BAILLET,

PRÉSIDENT DE LADITE SOCIÉTÉ.

V 12609

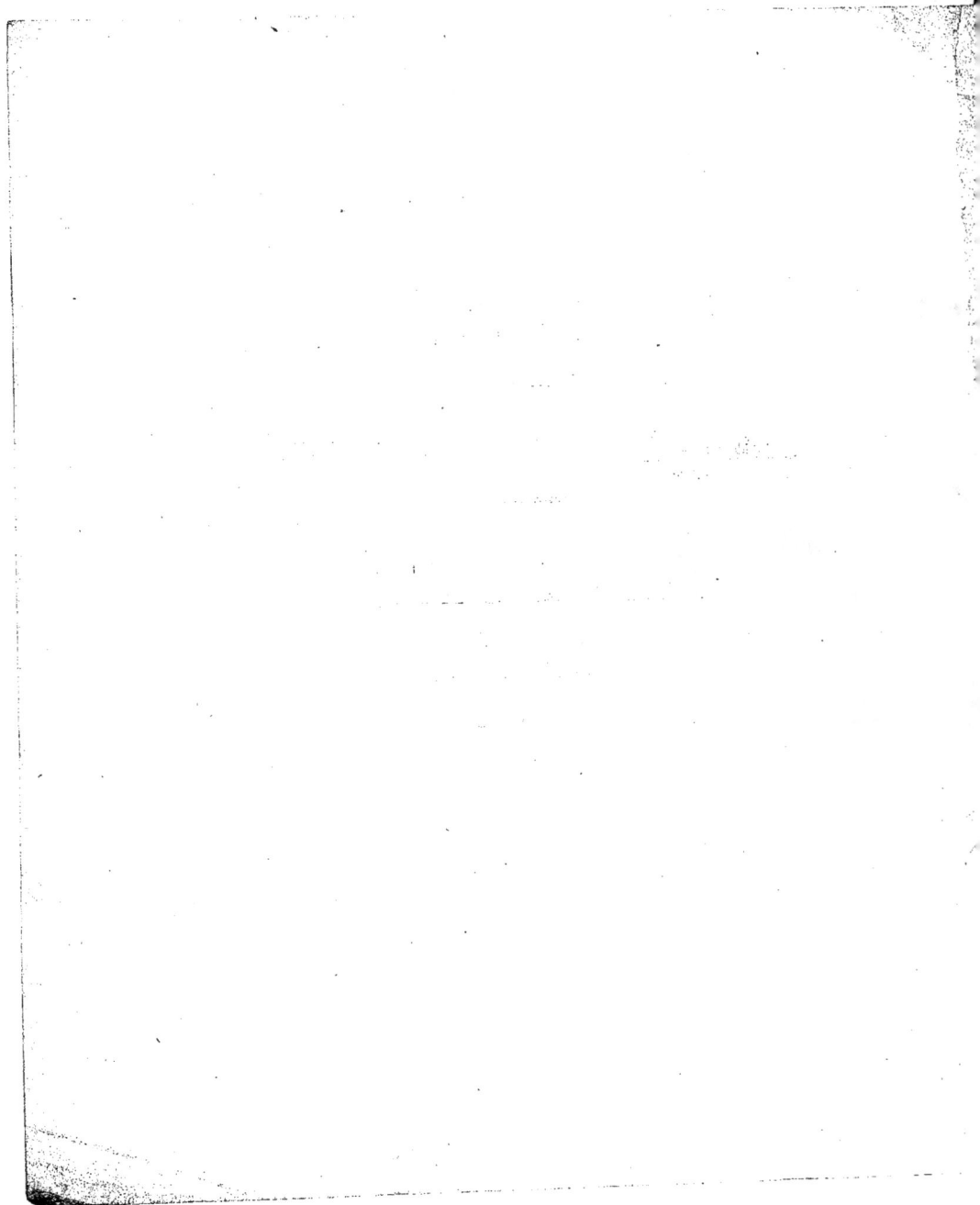

ALGÉRIE.

SOCIÉTÉ ROUENNAISE-ALGÉRIENNE.

RAPPORT

DE M. BAILLET,

PRÉSIDENT DE LADITE SOCIÉTÉ,

AUX MEMBRES DE SA COMPAGNIE,

Dans l'assemblée générale du 21 Aout 1847.

MESSIEURS,

En conséquence de votre délibération du 22 janvier 1847, lors de laquelle vous avez constitué un nouveau comité à la Société Rouennaise Algérienne, M. Larible et moi, avons été délégués pour nous rendre à Alger, afin de vérifier par nous-mêmes la manière dont vous y étiez représentés, et de rechercher et découvrir, s'il était possible, vos propriétés.

M. Larible s'est embarqué à Marseille, le 10 avril dernier, je l'ai suivi le 15 du même mois; il a quitté Alger le 20 mai, j'en ai fait autant le 25.

1847

Je viens aujourd'hui vous rendre compte de notre voyage et de nos observations ; j'ai pensé que pour les rendre plus profitables pour vous, je devais suivre, pour vous parler de vos diverses propriétés, l'ordre établi pour leurs indications, dans un tableau qui a été remis à chacun de vous, en 1845, et qui avait été dréssé par M. Savary, votre mandataire, peu de temps après son arrivée en Afrique.

Comme vos acquisitions sont très considérables, et ont donné lieu à un grand nombre de discussions judiciaires, j'ai besoin de toute votre attention, pour que vous puissiez vous faire une juste idée de ce que nous avons fait en Algérie, pendant les quarante jours que M. Larible et moi y avons passés, et des résultats que votre spéculation de 1834 pourra vous produire, si vous voulez vous en occuper, non en agioteurs, dont le nombre n'est que trop grand en Afrique, mais en hommes raisonnables, désireux de servir, tout à la fois, et leurs intérêts et ceux de la France.

Ceci entendu, j'arrive de suite aux documents que nous avons obtenus sur vos propriétés, dont j'ai vu quelques-unes seulement (le soin de vos procès m'ayant presque toujours retenu à Alger), mais que M. Larible a visitées et parcourues pour la presque totalité.

En suivant votre tableau synoptique de 1845, vous pourrez suivre l'ordre établi dans ce que je vais vous indiquer pour chacune de vos propriétés.

N° 2.

TERRE EL IMAN.

La première propriété dont il est question sur votre tableau, où elle porte le n° 2, est indiquée sous le nom de terre El Iman, située aux Hadjoutes, acquise le 3 janvier 1834, moyennant 540 francs de rente (ou 300 réals Boudjoux), payée jusqu'au 3 janvier 1840.

Cette propriété, indiquée comme bornée au levant par la rivière Béronny, et au couchant par la rivière Oundjia, et contenir 300 paires de bœufs (répondant, d'après votre acte, à 4,102 hectares), était inconnue de M. Savary; cependant, elle a été vue et visitée le 12 mai 1847, par M. Larible.

Elle est connue sous le nom de Ben Ali Agrappe; elle est située sur la rive droite de l'Oued Ben Roumi, à 27 kilomètres de Coleah, et 22 de Blidah, elle est bornée au sud et à l'est par un marais, à l'ouest la rivière Ben Roumi, et au nord l'Haouche Sagnoum (indiquée sur la carte d'Algérie.)

Cette propriété, qui est très considérable, était occupée, lors de la visite de M. Larible , par une forte tribu arabe, qui a déclaré s'y être installée depuis huit ans ; le Scheik auquel il s'est adressé a d'abord prétendu qu'elle n'avait pas été vendue , ensuite qu'elle appartenait au Belik, allégations qui ont paru tout à fait mensongères , et sont d'ailleurs en contradiction avec vos titres.

Ainsi en 1847, M. Larible a pu voir , si non avec détail, au moins parcourir et visiter une propriété restée jusqu'à cette époque inconnue de vos divers représentans , bien qu'ils eussent continué jusqu'en 1840, à en payer la rente.

Dans un travail qui parait bien fait du reste (car malgré la négligence déplorable dont il a fait preuve, il faut aussi être juste pour ce qu'il a fait de bien). M. Savary vous indiquait ; 1° qu'au 15 mars 1847, cette propriété n'avait pas été découverte ; 2° que le 8 février précédent il avait déposé vos titres à l'administration du contentieux , sous le n° 265, dossier 429, afin de satisfaire à l'ordonnance de 1844 ; 3° que le 21 octobre 1845, vos vendeurs avaient été assignés en délivrance de propriété, en délimitation et réduction des rentes , en cas de différence dans la contenance , et d'après les termes de l'ordonnance de 1844, mais qu'il n'avait été donné aucune suite à cette action.

Trois choses me paraissent pressées à l'égard de cette propriété: la première, c'est que pour éviter la péremption de votre action du 21 octobre 1845, on fasse ordonner la délimitation et l'arpentage , et la suspension de la rente jusqu'à la décision du contentieux , en vertu de l'article 51 de la loi du 21 juillet 1846, et que vous soyez mis en possession ;

La seconde, c'est qu'on s'adresse à l'autorité de M. le commandant du bureau arabe, dont cette propriété ressort, afin qu'il oblige la tribu qui s'y est ainsi installée, à en déguerpir, si mieux elle n'aime convenir d'un prix de location en votre faveur,

La troisième, c'est que si cette tribu arabe a payé une redevance quelconque, soit à un caïd, soit à un scheik, pour raison de son occupation qu'elle fixe à 8 ans, on oblige celui qui a fait cette injuste perception à restituer les sommes qu'il s'est ainsi fait verser à l'occasion d'un immeuble sur lequel il n'avait aucun droit.

Cette restitution serait un acte d'une souveraine justice, car il est certain que des caïds ou scheiks se sont fait payer des loyers pour plusieurs de vos propriétés, sur lesquelles ils ont trouvé bon d'établir des tribus en parlant de prétendus droits qu'ils disaient avoir. — C'est là une fraude qui ne doit pas leur profiter, car ils n'avaient aucun droit de faire valoir à leur profit, vos biens, s'il vous avait convenu de les laisser improductifs ; que l'administration s'en plaigne, qu'elle prenne des mesures pour éviter à l'avenir le défaut de culture, c'est son droit, et même un devoir dans l'intérêt général de la colonie ; mais quant aux caïds ou scheiks qui ont fait aussi fructifier à leur profit, vos biens, c'est là un fait blâmable qu'on pourrait qualifier autrement, car à défaut des céréales, vous eussiez pu cette année en tirer un produit très avantageux à n'y récolter que des foins, qu'on a achetés pour la cavalerie, à raison de 9 et 10 fr. le quintal.

Et les garnisons de Blidah, Bouffarick et de Coléah, vous offraient un débouché facile : les prétentions élevées par le scheik, au moment de la visite de M. Larible, prouvaient son désir de conserver cette propriété sous la prétendue autorité qu'il s'est arrogée, et l'intérêt qu'il a à prolonger son usurpation.

Si en 1844, 1845 ou 1846, on eut fait pour vous la démarche entreprise en mai 1847 par M. Larible, on eut pu obtenir les renseignements qu'il s'est procurés, et se mettre en mesure d'utiliser deux ou trois ans plus tôt cette propriété à votre profit.

— 5 —

Sans doute l'autorité française se montre et doit se montrer bienveil-
lante pour les Arabes; mais qu'on eut justifié de votre acquisition à M. le
commandant militaire du district, dans lequel cette haouche est située, il
eût fait sentir à ce scheik qu'il était sans aucun droit d'exiger une perception de loyer à son profit, et si la tribu arabe qui s'y est fixée, eût
voulu continuer d'y séjourner, elle ne l'eût obtenu qu'en consentant vous
payer une location, cette tribu n'eût pu objecter que la validité de vos
titres n'a pas été prononcée par le contentieux, parce que cette formalité,
qui peut intéresser l'administration, ne regarde en aucune manière, ni les
scheiks ou cadis des Arabes, ni les tribus qu'ils ont ainsi implantés sur
les biens qui sont dans le même cas que cette propriété, et que votre titre
tel qu'il est, et tant qu'il n'a pas été annulé (événement qui, dans le cas
particulier ne paraît pas possible), était suffisant pour que provisoirement
votre droit fut maintenu, puis qu'à raison du défaut de culture fait en
votre nom, le domaine n'avait pas fait vendre votre propriété. d'après le
mode indiqué dans le 2ᵉ paragraphe de l'article 10 de l'ordonnance de
1844, et ne vous avait pas exproprié

Nº 3.

BEN AROUM.

La deuxième propriété indiquée dans votre tableau, et comme INCON-
NUE, s'appelle l'haouche Ben Aroum.

Cette propriété acquise par MM. Vildieu, et joints, le 11 janvier 1847,
d'un sieur Louis-Josep Huard, propriétaire à Alger, moyennant 180 francs
de rente, et un prix payé comptant, avait été transmise à ce même sieur
Huard, le 25 juillet 1852, devant Mᵉ Martin, notaire à Alger, par Bra-
him-Ben-Malh el Din Ben-Aroum, comme comportant 40 paires de bœufs,
non compris des terres incultes servant de pacage.

Elle a été vue et visitée par M. Larible, le 14 mai 1847: elle est située
à environ huit kilomètres de Bouffarick, et occupée par un colon; elle
est traversée par la grande route de Blidah au Fondouck, et dans une
excellente position, le plan en a été dressé par M. Dardé, géomètre, et

remis avec vos autres pièces au contentieux, pour la vérification de vos titres sous le n° 266, dossier 430.

Il sera utile de s'adresser au scheik de Mehalla, pour avoir quelques explications sur la consistance de cette propriété, qu'il connait, et qui devrait s'étendre jusque dans la montagne du Petit Atlas, qui en est voisin.

Pour sa situation rapprochée de Bouffarick et son accès très-facile, cette propriété a de l'avenir.

N° 4.

DJENNET.

Le n° 4 de votre tableau, concerne la propriété Djennet.

D'après le rapport de M. Savary, il avait d'abord été trompé dans l'indication de cette propriété; on lui en avait fait voir une autre, qu'il avait été sur le point de louer, et que depuis il a su avoir été acquise par M. Hamel, ancien avoué à Alençon, d'un sieur Bontemps, de sorte qu'au 15 mars 1847, il déclarait ne pas la connaître.

Cependant le 5 mai 1847, M. Larible l'a visitée et parcourue en compagnie de votre vendeur, le sieur Mohamed-Al-Hanefi Ben-Mustapha, habitant maintenant Blidah.

Cette propriété qui vous a été vendue pour 32 HECTARES, a paru à M. Larible, n'en contenir que 5; elle est située au pied de la montagne, et en côte de l'autre côté de l'ouest El Kébir, à 50 mètres environ du fossé d'enceinte, et près de la redoute, elle était jadis édifiée d'une maison maintenant en ruine; quoi que d'un accès difficile, elle est occupée par un caïd, et était ensemencée en 1847, en blé, orge et fèves.

Ainsi, en supposant qu'au lieu de 32 hectares, cette propriété n'ait que 5 hectares environ, ce qui sera à éclaircir sur l'action formée contre votre vendeur, devant le tribunal de Blidah, le 21 octobre 1845, en délimitation et réduction de rente au besoin, il reste demontré qu'à sa première visite à Blidah, M. Larible a pu découvrir cette propriété, qui est occupée et ensemencée, et que votre mandataire eût pu, avec un peu plus de soin, savoir de son côté ce que M. Larible a appris si facilement.

Maintenant il est étrange que votre vendeur qui habite Blidah, n'ait pas réclamé sa rente depuis 1839, cette négligence apparente rendrait assez vraisemblable un fait qui m'avait été indiqué il y a deux ans environ, c'est que votre vendeur s'était lui-même établi sur votre propriété, que depuis il aurait trouvé bon de louer sans doute au caïd qui l'exploite, mais il sera utile à cet égard, de faire expliquer ce Maure (puisqu'il habite Blidah), et sur ce qu'il a vendu, sur le fait d'avoir occupé lui-même cette propriété, et de savoir si ce n'est pas lui qui a loué à l'occupant actuel, et par quel prix ?

Les titres de cette propriété ont été déposés à l'administration du contentieux, le 8 février 1847, sous le n° 267, mais ils devront, je pense, en être retirés, parce qu'aux termes du second alinéa de l'article 1er de l'ordonnance du 21 juillet 1846, les biens situés à Blidah, ne sont pas assujetis à la formalité de la vérification, mais avant ce retrait, il conviendra de s'assurer si la propriété Djennet se trouve bien comprise dans le périmètre de Blidah, tel qu'il a été déterminé par l'ordonnance du 29 octobre 1845.

N° 5.

TOUTE OULIDE.

La propriété N° 5 de votre tableau est celle TOUTE-OULIDE, elle vous a été vendue (ou plutôt à vos auteurs) le 22 janvier 1834, comme contenant 50 paires de bœufs, moyennant 108 francs de rente pendant 3 ans, et ENSUITE de 50 francs; six années de cette rente ont été payées comptant.

Elle avait été louée, le 16 septembre 1845, à un sieur Tremerel, boucher à Blidah, moyennant 140 francs; mais, faute de paiement, on a demandé et obtenu la résiliation de son bail à Blidah.

Depuis, et à la date du 17 janvier 1847, cette propriété a été louée, moyennant 500 francs, à Saïd Baktech, propriétaire Maure résidant à

Coléah, qui, d'après M. Savary, dans son travail du 15 mars dernier, avait reçu 50 francs.

Cette propriété est loin d'avoir la contenance pour laquelle elle avait été vendue, et qui devait être de 427 hectares; car le plan qui en a été dressé par M. Liout, géomètre, ne lui assigne que 8 hectares 10 ares 80 centiares.

A la vérité, le Domaine paraît en avoir concédé 60 hectares à un sieur Lherondel et à une dame Ducreux, car M. Savary a formé pour vous une demande en délivrance de 60 hectares de terre près Coleah, en échange de cette concession.

Cette demande doit être considérée comme un acte de prudence; cependant, on devrait se préoccuper de savoir : 1° la date de ces concessions, et 2° si le Domaine s'est conformé, pour les faire aux prescriptions des articles 80, 81, 82, 83, 91 et 92 de l'ordonnance de 1844.

En supposant maintenant que les concessions faites par le domaine l'aient été régulièrement, il n'en resterait pas moins constant que cette propriété n'aurait que 68 hectares 10 ares 80 centiares, savoir : 60 hectares pris par l'administration et les 8 hectares 10 ares 80 centiares trouvés par votre géomètre, et vous auriez à suivre sur l'action en réduction de rente formée pour vous le 21 octobre 1845, et à presser la vérification de vos titres au contentieux, où ils ont été déposés sous le N° 268, dossier 452.

Cette propriété, qui a été visitée par M. Larible, est située à 5 kilom. et sur la route de Coléah, elle est cultivée, elle est traversée par un ruisseau venant de Coléah, et est bornée par la rivière de Mazafran, elle est dans une belle position; le fonds de terre de la partie basse est de bonne qualité; une autre partie est en côte, elle est plantée en partie de vieux muriers; il y existe aussi une petite orangerie.

D'après une indication fournie par M. Savary à M. Larible, le sieur Bactech, locataire actuel, aurait payé ses loyers au sieur Tremerel, ancien locataire, dont le bail a été résilié; cela ne doit pas être, puisque c'est M. Savary lui-même qui a loué à Bactech le 17 janvier 1847; il a seul qualité en votre nom pour exiger et recevoir les loyers; il sera utile de s'en expliquer avec votre mandataire, afin d'être fixé d'une manière définitive et absolue à ce sujet.

N°° 6 et 6 bis.

JARDIN EL-IMAN.

Les n°° 6 et 6 bis de votre tableau concernent la propriété (ou jardin El-Iman), située à Blidah, la majeure partie en a été prise par le génie militaire, et il existe en votre nom une demande en indemnité, sur laquelle, d'après le travail de M. Savary, du 13 mars 1847, on vous a accordé une rente de 67 fr. 50 cent. dont on attend encore l'ordonnancement.

Cette propriété, qui vous avait été vendue moyennant 400 fr. de rente, donne lieu à deux actions fort graves avec les sieurs Cohen, Solal, Et Abeuzemra, qui s'en prétendent les cessionnaires, actions sur lesquelles je n'entre dans aucune explication nouvelle, parce que vous en retrouverez les détails dans les mémoires qui les concernent;

Seulement, je crois devoir vous faire remarquer qu'au lieu de 27 hectares, cette propriété n'aurait contenu dans son ensemble qu'un hectare 45 ares, dont 31 ares 58 centiares, ont été pris par le génie militaire, ce qui, de la part de vos adversaires, dénoterait une bien insigne mauvaise foi.

Telle qu'elle est, cette propriété, pour ce qui vous en reste, est attenant à Blidah, et contre le mur d'enceinte. C'est maintenant un terrain inoccupé, sur lequel on dépose les matériaux provenant des travaux de Blidah; il serait convenable de la faire enclore ou d'une haie, ou d'une fosse, et d'y faire planter quelques arbres en mûriers, oliviers ou autres, afin de faire respecter vos droits plus tard, et à raison de son voisinage de Blidah, on pourrait arriver à en tirer parti.

J'ai visité cette propriété (que M. Larible avait aussi vue de son côté) avec M. le maire de Blidah et une autre personne de cette ville, qui m'a engagé à vous parler de la nécessité d'une clôture.

N° 7.

JARDIN MAHMOUD.

Le n° 7 de votre tableau concerne le Jardin-Mahmoud, contenant 1 hectare, 81 ares, 61 centiares : il était grevé d'abord d'une petite rente remboursée le 6 février 1846, de sorte qu'il est libre de toute charge.

Dans son travail du 15 mars 1847, M. Savary vous disait, qu'à la fin du bail du sieur Khodja-Mabzay, qui occupe maintenant cette propriété, moyennant 150 fr. par an, on pourrait en obtenir au moins 500 francs de loyer, en rétablissant d'une manière convenable la maison en ruines qui y existe de présent, et en faisant vider un puits.

Nous avons visité cette propriété le 2 mai, M. Larible et moi, en compagnie de M. Savary ; elle est située à 8 kilomètres d'Alger, près de la grande route de Blidah, à un demi kilomètre de votre belle propriété de Ben-Négro (ou Bir-Kadem), elle est dans une très belle position, close en presque totalité par une énorme haie de cactus ou figuier Arabe ; elle est plantée d'un certain nombre d'arbres de diverses espèces, comme orangers, figuiers, etc., mais très mal cultivée, nous partageons l'avis de votre mandataire : c'est qu'en restaurant l'ancienne maison, et en nétoyant un des puits, ou en y créant une noria, cette propriété, par sa situation, la facilité de son accès, serait susceptible d'un loyer bien plus considérable.

C'est une propriété qui ne peut qu'augmenter de valeur, comme celles voisines.

N° 10.

BEN HASSEM.

Affaire Baccuet.

La propriété qui, dans votre tableau suit le n° 7, est celle portant le n° 6, appellée Haonche BEN HASSEM, vendue en 1834, pour une contenance de 430 hectares 77 ares 72 centiares, moyennant 280 francs de rente, et qui d'après un rapport d'expert du 8 août 1845, ne contient que 77 hectares 57 ares 4 centiares.

La rente grévant cette propriété a été cédée au sieur Baccuet, avec lequel vous avez un procès, à l'occasion duquel chacun de vous a aux mains un mémoire que j'ai fait publier à Alger, auquel vous pourrez vous reporter pour de plus grands détails sur ce qui concerne les difficultés que cette propriété vous a occasionnées.

Seulement je dois vous indiquer ici quelque particularités qui s'y rattachent, et ne sont pas consignées dans le mémoire dont je viens de vous parler.

Cette propriété (pour les 77 hectares 37 ares 4 centiares qui en existent), a été visitée par M. Larible, le 28 avril ; elle est située à un kilomètre de Maelma, elle est traversée par la route de Coleah, et composée de divers mamelons, sur le plus élevé desquels on apperçoit d'un côté la mer, et de l'autre la vaste et magnifique plaine de la Mitidja. Le fonds est en grande partie d'assez médiocre qualité: si Maelma prend de l'extension, ce qui est probable, on pourrait en tirer parti, car il y a une portion qui n'est pas mauvaise, et sur laquelle on peut récolter de bons foins.

Lors de la première visite que M. Larible fit à cette propriété, il remarqua qu'il y avait de 12 à 15 hectares de foins qui pourraient être utilisés; une personne avait même manifesté à M. Savary l'intention d'en traiter, ne la voyant pas revenir, j'insistai pour qu'on s'occupât de trouver un autre acquéreur; j'en parlai à M. Hoffer, votre fermier à Ben Négro, et lui proposai, comme il n'est pas éloigné de Ben Hassem, d'exploiter lui-même ces foins, et de partager avec vous les bénéfices de l'exploitation, après que les frais évalués à 5 francs par quintal, auraient été prélevés.

Il accepta cette proposition, et se rendit le 9 mai 1847, sur les lieux avec M. Larible, pour arrêter quelque chose sur ma proposition, mais à leur arrivée, ces messieurs purent voir que la récolte se faisait. J'en fus informé le lendemain par M. Hoffer fils (car M. Larible qui s'était mis en route pour continuer la visite de vos biens), ne revint à Alger que plusieurs jours après.

Surpris que des tiers fissent exploiter un fonds à l'occasion duquel vous aviez des débats si vifs avec M. Baccuet, et lorsque la justice était à la veille de statuer, persuadé qu'il y avait vol à votre préjudice, je signalai le fait à un magistrat, avec prière de faire faire quelques investigations pour savoir qui avait exploité? qui en avait donné l'autorisation? Je ne connais pas encore le résultat de ce qui a été fait à ce sujet.

Mais lorsque un ou deux jours avant son retour en France, M. Larible me remit ses notes, je fus tout étonné de lire : 1° que c'était M. le maire de Maelma qui avait fait afficher la vente des foins de votre propriété, qu'il considérait comme dépendant des biens de sa commune; et 2° que M. Vague, propriétaire à Alger, rue du Divan, n° 55, prétendait lui-même à cette propriété, comme lui ayant été vendue en 1847.

Au milieu de mes autres préoccupations pour vos divers procès, je n'eus le temps de voir ni M. Vague, ni d'arrêter l'instruction que j'avais prié de faire, ni d'écrire à M. le maire de Maelma. pour lui signaler l'erreur dans laquelle il avait été, en considérant votre propriété de Ben Hassem, comme appartenant à sa commune.

Mais maintenant, je crois indispensable que vous vous adressiez : 1° à ce magistrat, et à M. le directeur de l'intérieur à Alger, afin d'obtenir la restitution du prix obtenu en 1847, de la vente de ce foin, parce que ce prix vous appartient ; cette demande ne doit pas subir de difficultés sérieuses, car bien que l'administration du contentieux, saisie de votre demande en vérification de vos titres (sous le n° 269, dossier 433, n'ait pas encore statué), les nombreux jugements rendus contre vous, et votre contrat de 1854, ne permettent pas de douter que vous ne soyez des acquéreurs légitimes et de bonne foi.

2° Qu'un de vos mémoires soit adressé à M. Vague , afin qu'il puisse s'éclairer lui-même sur sa position, vis-à-vis de vous, vérifier s'il y a quelque analogie entre votre propriété et celle qu'il a acquise en 1847, et s'il n'aurait pas été trompé par ceux avec lesquels il a ainsi traité; il est juste de mettre ce propriétaire à même de se fixer, et sur ses droits et sur les vôtres, afin qu'après avoir fini avec M. Baccuet, vous n'ayez pas un nouveau procès avec M. Vague, sur le fait de savoir si, oui ou non, ce qui existe de Ben Hassem, est ou n'est pas à vous. Il y a convenance à en agir ainsi avec M. Vague, qui vous est étranger, et ne vous a intenté aucun mauvaise querelle.

N° 11.

JARDIN ALI-TEINTURIER.

Le n° 11 de votre tableau concerne le jardin Ali-Teinturier, situé à Blidah, près le Bois-sacré, occupé par le sieur Camps, moyennant 150 fr. par an.

Cette propriété avait été vendue le 2 février 1834, comme contenant 4 paires de bœufs (ou 32 hectares 85 ares), moyennant 180 fr. de rente par Abd-el-Kader Ben-Mohammed dit Algaridi, ayant agi pour Mohammed-Honifa-El-Jemomia, enfant de Sidi-Ali-Teinturier.

La rente grevant cette propriété a été séquestrée par le domaine, qui a été assigné, le 21 octobre 1845, en exécution de l'ordonnance de 1844, en réduction de rente, etc.

Il y a lieu à s'entendre avec le domaine, ou à suivre sur cette action; car au lieu de 32 hectares, cette propriété ne contient que 60 ares, d'après le plan qui en a été dressé; et elle aurait été acquise par un prix ridicule (eu égard aux autres acquisitions), si la rente qui la grève n'était pas réduite conformément à votre action de 1845.

En effet, on devrait une rente de 180 fr. par an, pour une propriété qui n'est louée que 190 fr. par an, et paraît être louée pour un prix très convenable, pour sa position et son étendue.

Cette propriété, visitée par M. Larible, le 19 avril 1847, et par moi-même quelques jours après, est située à l'ouest de Blidah, assez près du Bois-sacré ou place des Oliviers, elle est bien cultivée, le sieur Camps qui l'occupe maintenant, y a fait construire à ses frais un petit bâtiment d'une valeur approximative de 250 fr.

Comme la rente de 180 fr. créé en 1834 a été payée jusqu'au 15 juin

1839, dans la supposition que la contenance vendue existait ; cette rente doit maintenant se trouver plus qu'éteinte, en ce qu'on a payé beaucoup plus que ce qui était dû ; le domaine entendra facilement, on doit le croire, à votre réclamation, s'il ne lui est pas possible de vous mettre à cet égard en possession de la contenance de 32 hectares qui vous a été vendue.

Dans la supposition que vous ne puissiez rien obtenir au-delà de la contenance maintenant exploitée par le sieur Camps, et qui a été mesurée pour 59 ares 59 centiares (et que je porte à 60 ares pour rendre plus facile le calcul ci-après), il s'en suit que la rente de 180 fr. devrait être réduite à 3 fr. 35 cent. par an, pour une contenance de 60 ares ; or, de 1834 à 1839, vous avez payé pendant 6 ans 180 fr., ce qui donne 1,080 f., tandis que d'après la réduction résultant de l'ordonnance de 1844, vous n'auriez dû que 20 fr. 20 cent., ainsi vous auriez payé en trop 1,059 fr. 90 cent., dont répétition devrait vous être faite par vos vendeurs, ce qui constitue une somme bien supérieure au capital de la rente de 3 fr. 35 c., qui seule serait due.

Il conviendrait donc, à l'égard de cette propriété, de s'adresser au domaine, de lui justifier, et de l'acquisition de 1834, et de la contenance promise, et des quittances des arrérages payés jusqu'en 1839, pour que cette administration fut convaincue que le séquestre qu'elle a établi, ne peut rien produire, puisque la rente devrait, pour défaut de contenance, être réduite comme je viens de l'indiquer, et qu'à raison de ce qui a été payé en trop, elle se trouverait éteinte par voie de confusion, sans préjudice de votre droit de répétition contre les vendeurs originaires, sur lesquels cette rente a été séquestrée, s'il est possible de découvrir leur existence et leur demeure actuelle.

Cette prétention est d'accord avec votre contrat, l'ordonnance de 1844 et la raison; et quoique très surchargée et n'ayant pas un nombre convenable d'employés, l'administration des domaines reconnaissant la vérité et la justesse de vos observations, donnerait main-levée de la contrainte qu'elle a décernée contre vous, le 23 mai 1844, et annulerait son commandement du 31 mars 1845; et au lieu de nécessiter un jugement sur votre action du 31 octobre 1845, elle en reconnaîtrait le bien fondé et l'extinction de toute rente par voie de confusion, — ce qui terminerait à cet égard tout sujet de contestation.

On devra s'occuper de suite de cette réclamation, afin que M. le directeur des domaines prenne une décision; autrement, il faudrait donner suite à votre action afin d'en éviter la péremption, sans quoi vous seriez exposé, plus tard, à ce qu'on exigeât de vous une rente de 180 francs, bien que vous ayez à peine la soixantième partie de la contenance qui vous avait été vendue.

N° 12.

MARMAN.

Le n° 12 de votre tableau concerne la terre de Marman, acquise le 28 janvier 1834, comme, contenant 300 paires de bœufs, ou 4,150 hectares, moyennant 540 francs de rente, payés jusqu'aux 28 janvier 1841.

La rente grévant cette propriété a été transportée au sieur Sionville, avec lequel vous avez diverses instances dont les causes et le but sont indiqués dans un mémoire que j'ai fait imprimer à Alger, et dont je crois inutile de vous reproduire ici les détails.

M. Savary après avoir découvert cette propriété qui est considérable (bien qu'elle ne contienne que 736 hectares 22 ares, au lieu de 4,150 hectares), l'avait louée à des sieurs Faisse et Coin, qui paraissent avoir quitté l'Afrique, après avoir obtenu contre vous un jugement radicalement nul, qui vous condamne à leur payer 2,000 francs de dommages-intérêts, sous le prétexte qu'ils n'avaient pas eu à temps le plan de cette propriété, et qu'au lieu de 800 hectares elle ne contiendrait que 736 hectares, cette action ressemble fort à une spéculation; je vous en entretiendrai séparément.

Pour le moment, je me borne à vous indiquer que M. Larible a visité cette magnifique propriété le 22 avril 1847, elle est située à 6 kilomètres environ de Blidah, et divisée en deux parties :

1° Marman supérieur, borné au midi par la route de Blidah à Miliana, à l'ouest par la Chiffa ;

2 Marman inférieur, borné à l'ouest par la Chiffa, et au nord par le chemin de Sept à Bouffarik qui se trouve à environ 16 kilomètres.

Le fonds de cette propriété est excellent; lors de la visite de M. Larible, une grande partie était cultivée par des arabes qui y avaient une très-belle récolte, et qui l'avaient louée du Marabout Sid-Ali.

Cette propriété mérite que vous y portiez toute votre attention, car c'est une de celles qui offre le plus d'avenir, le plus de facilités pour la culture en grandes fermes dont les produits s'écouleraient avec beaucoup davantages, et sur Blidah et sur Bouffarik.

Quant à présent et tout en attendant la décision : 1° du contentieux où vos titres ont été déposés sous le n° 270, dossier 54; et 2° de vos procès avec les sieurs Sionville, Faisse et Coin, deux choses me paraissent urgentes :

La première, c'est de vous adresser au marabout Sid-Ali, afin d'obtenir la restitution des loyers qu'il s'est fait aussi injustement verser, et si vous ne traitez pas avec les arabes, qu'il lui a plu, de son autorité privée, d'installer sur votre propriété, de les faire expulser, afin de pouvoir aviser vous-même à faire exploiter les foins de 1848, et à y créer plusieurs fermes, quand l'administration du contentieux aura validé vos titres.

Quant au marabout Sid-Ali, s'il ne veut pas s'exécuter à l'amiable, restituer ce qu'il a déloyalement perçu, il ne faut pas hésiter à le traduire devant les tribunaux pour l'y faire condamner; car enfin la loi du Prophète n'autorise aucun de ceux qui suivent sa foi, à s'approprier le bien d'autrui, et ce marabout, ainsi que plusieurs de ses co-religionnaires, paraissent avoir un goût bien vif pour faire exploiter à leur profit des propriétés sur lesquelles ils n'ont d'autre droit, que la quasi autorité que leur donne sur les arabes, ou leur caractère de prêtre, ou scheik ou cadi, fonctions qui n'ont rien de commun avec la qualité de propriétaire d'un fonds de terre, quelqu'il soit.

L'usurpation de ce marabout vous a été bien funeste en 1847, car, en vendant les foins de Marman, vous en eussiez obtenu un produit très-considérable cette année, et la présence de M. Larible, sur les lieux, vous eut merveilleusement servi pour obtenir, pour la première fois depuis 1834, un produit de ce vaste domaine, dont la situation et l'existence vous ont été si longtemps ignorés.

En s'adressant à ce marabout, pour traiter d'une manière amiable sur ces entreprises, on devra lui faire comprendre qu'on pourrait exiger de lui des dommages-intérêts énormes, car il vous a causé un grave préjudice.

Je crois que si M. le commandant du bureau arabe à Blidah, pensait pouvoir mander ce marabout devant lui, et lui expliquer sa situation, il vous faciliterait singulièrement les moyens d'en finir sans procès, mais si vous n'avez que ce moyen d'en avoir raison, vous ne devez pas hésiter à l'employer, et justice vous sera certainement rendue; mais en même temps, il faudrait prendre des mesures pour faire expulser les divers arabes qui se sont établis sur Marman.

La seconde chose qui me parait urgente, c'est d'informer M. Peltier, huissier à Blidah, qui a aussi planté un petit coin de votre propriété en vigne, qu'il a agi sur un fonds qui est le vôtre, afin que s'il a traité avec un arabe qui s'en soit dit propriétaire, il puisse agir contre lui, et au moins reconnaître votre droit, et devenir votre locataire direct par un prix qui serait à débattre, faute de quoi il faudrait aussi le faire assigner pour qu'il ne se maintienne pas à votre préjudice sur un fonds qui est le vôtre.

N° 13.

JARDIN FATIMA A BLIDAH.

Le jardin Fatima, n° 15 de votre tableau, est situé à Blidah, près le cimetière arabe, il a été vendu en 1834, sans indication de sa contenance, par 180 francs de rente maintenant dûs à M. Goby, maire de Blidah, qui en a traité moyennant le prix de 900 francs, bien qu'au moment du transport qui lui a été consenti, il fut dû en arérages une somme supérieure au prix par lequel il est réputé avoir acquis.

Il existe avec lui un procès dont je vous rendrai compte séparément.

Cette propriété située pour ainsi dire à la porte de la ville, consistait en une assez belle orangerie que l'ancien locataire a bien négligée, mais comme elle est longée par un ruisseau dont le cours est supérieur au niveau du sol de votre propriété; elle sera toujours d'une location facile, bien qu'elle m'ait paru assez mal occupée lorsque je l'ai visitée avec M. Goby, et une autre personne de Blidah.

Lorsque vous aurez, dans cette dernière ville, un représentant direct et spécial, pour surveiller vos biens, vous ne manquerez pas de louer avantageusement ce jardin, qui ne contient du reste, que 32 ares 50 centiares, en supposant que des voisins n'aient pas fait d'anticipation à votre préjudice, ce qu'on fera bien de vérifier;

Nᵒˢ 14 et 20.

TERRE BEN NÉGRO

Les nᵒˢ 14 et 20 de votre tableau, concerne la propriété de Ben Negro, située à Birkadem, occupée par le sieur Hoffer et ses enfants, depuis plusieurs années, moyennant 2,000 francs par an.

M. Hoffer père, avait sous loué une portion de cette propriété à un Maltais, qui y fait du jardinage, mais il se propose de tout conserver en 1848.

Cette propriété est dans une situation délicieuse, à huit kilomètres d'Alger, elle domine le joli village de Birkadem; elle consiste en bois, prairies, jardins, terre de labour, orangers, un peu de vigne (mal cultivée du reste par M. Hoffer), et une très belle maison mauresque, dont une portion a toujours été conservée par vos divers mandataires, comme maison de campagne.

M. Savary a, sans vous en prévenir du reste, sous-loué cette portion réservée, et que vous pensiez à son usage, à deux personnes d'Alger, peut-être aurez vous plus tard à prendre d'autres dispositions relativement à cette portion de votre propriété, qui pourrait convenir comme maison de campagne à quelque fonctionnaire ou négociant d'Alger.

Le sieur Hoffer, votre fermier actuel, est un brave homme, qui paraît bien secondé par ses enfants, il désirerait qu'on lui avançât 5 à 600 francs pour avoir quatre vaches en plus pour son exploitation, et obtenir ainsi une grande quantité de fumier.

Je pense que vous pourriez sans inconvénient lui faire cette avance à même les fonds communs que vous avez en caisse, car c'est un homme sobre, laborieux, et qui, depuis qu'il est votre fermier, a toujours payé exactement; c'est un homme à aider, afin que par une bonne culture, obtenant plus et de meilleurs produits de son exploitation, il s'y attache davantage, et améliore votre propriété, sur laquelle il a commencé à défricher certaine portion de bois qu'il veut cultiver, et où, depuis deux ans, il fait greffer une certaine quantité d'oliviers sauvages, qui sont en très grand nombre sur cette propriété, que vous avez intérêt à conserver, malgré les offres qui vous ont été faites, parce qu'elle est susceptible d'un grand avenir, à raison de sa proximité d'Alger, et de sa configuration qui permettrait de la diviser pour établir plusieurs maisons de campagne.

N° 16.

FERME SIDI YEKLEF.

La propriété de Sidi Yeklef, portant le n° 16, à votre tableau, est située à Mousaïa, terroir de Ouled Diebis, Ben Alziliki; elle est bornée par l'Haouche Alakem, ou Hatchi Braham, propriété n° 57, de votre tableau, près de l'Haouche El Nefti.

Elle a été vendue pour une contenance de 50 paires de bœufs, ou 685 hectares, moyennant une rente de 126 francs, maintenant due à des époux Galula, qui ont été assignés le 21 octobre 1845, en délimitation et réduction de rente.

Il est fâcheux pour cette propriété (comme pour beaucoup d'autres qui vous appartiennent), que ces instances fondées sur l'ordonnance de 1844, n'aient pas été suivies avec plus d'attention, car on eut ainsi obligé les prétendus créanciers de rentes ou leurs cédants, à faire connaître les biens grévés de ces mêmes rentes , leur étendue, ou à défaut des contenances promises, on eut fait statuer sur la question de réduction des rentes.

Beaucoup de propriétés vers Mouzaïa, portent le nom de Sid Yeklef, M. Larible n'a pu obtenir, à l'égard de cette propriété, des renseignements qui l'aient satisfait.

Il serait convenable, en attendant que le contentieux, saisi de votre demande en vérification de titres, sous le n° 271, dossier 435, soit d'obtenir des documents des époux Galula , soit de faire ordonner contre eux la délimitation, et en attendant la suspension de leur rente de 126 francs qui a été payée jusqu'au 10 septembre 1840, sans qu'en payant on ait pris le soin de savoir où était située , et en quoi consistait la propriété qu'on en en disait grévée.

N° 19.

JARDIN BEN SAHNOUM, A BLIDAH.

Cette propriété, portant le n° 19 à votre tableau, est située à un demi kilomètre de Blidah, dont elle dépend, au milieu d'orangeries considérables; elle consiste elle-même en une orangerie en bon état, une pièce de terre close de haies, et une ancienne maison mauresque, et quelques petits bâtiments que le sieur Bousquet, votre locataire (de cette propriété), a fait couvrir en tuiles pour abriter ses bestiaux.

Cette propriété est très-bien située, elle est grevée d'une rente de 360 francs, et louée moyennant 650 francs pendant les six premières années du bail du sieur Bousquet, (commencé au 1er avril 1846), et 700 francs pour les trois dernières années. Elle paraît tenue en bon état par le locataire.

La rente de 360 francs qui a été payée jusqu'en septembre 1840, a été depuis séquestrée par le domaine, sur l'ancien vendeur; comme le domaine doit plusieurs rentes, l'une de 378 francs, une autre de 67 francs 78 cenmes pour des propriétés qu'il a prises à Blidah, il serait convenable de compter avec cette administration, et de ce qu'elle doit, et de ce qui est dû, afin de terminer avec elle par compensation, et d'encaisser l'excédent qu'elle se trouve devoir, afin de n'avoir aucune discussion à l'occasion des rentes qu'elle réclame, ce serait un réglement utile, et à l'administration, et à vous-même, puisqu'il déblaierait d'autant les embarras de votre position.

Voir N° 14.

TERRE BEN-NEGRO.

Les nᵒˢ 20, 21 bis, de votre tableau, sont confondus et loués avec la propriété occupée par le sieur Hoffer à Ben-Negro, (N° 14 de votre tableau).

Il existe sur les terrains qui ont fait l'objet de ces deux acquisitions d'anciennes ruines, que plustard on pourrait avoir intérêt de faire réparer, pour obtenir des locations partielles de ce qui constitue maintenant votre propriété de Ben-Negro.

N° 21.

TERRE EL MEKI.

Le n° 21 de votre tableau, concerne la propriété El Meki, acquise le 7 mars 1854, pour une contenance de 10 paires de bœufs, (60 hectares), et par 72 francs de rente, sujette à réduction en cas de différence de contenance.

Il paraît que cette propriété aurait été concédée par le domaine, à M. Lhirondelle, de Coleah. Le 6 juin 1846, M. Savary a formé une réclamation contre cette concession, et demandé que si la restitution n'en était pas faite, on vous donnât en échange une même contenance de terre contre votre propriété de Tonte Oulide, n° 5; mais le 21 août 1846, l'administration déclarait qu'elle ne pourrait donner les terres réclamées en échange, avant que les titres de propriété n'eussent été validés.

On aurait à vérifier maintenant si la concession faite au sieur Lhirondelle l'a été valablement, et dans les formes prescrites par les ordonnances : pour qu'on vous eut enlevé valablement cette propriété, il faudrait qu'on se fut conformé aux articles 80 et suivants, de l'ordonnance de 1844, et il est bon de s'assurer de la manière dont l'opération s'est passée.

Cette propriété, d'après les notes de M. Larible, est à un kilomètre de Coléah. La demande en vérification de vos titres a été formée au contentieux, le 8 février 1847, sous le n° 272, dossier 436.

N° 22.

TEZMOURETTE , A BLIDAH.

Le n° 22 de votre tableau concerne la propriété Tezmourette, située à un kilomètre environ de Blidah, grevée de 72 francs de rente.

Le 14 juin 1846, à une époque où il était question d'établir de ce côté un faubourg à Blidah, M. Savary vous annonçait que cette propriété pourrait être vendue à raison de 25 francs de rente le mètre, ce qui eût donné environ 4,000 francs de rente, mais qu'il valait mieux attendre.

L'état de choses a bien changé depuis, parcequ'il n'est plus question maintenant de construire de faubourg, et que les folies de construction et de spéculation qui semblaient se faire à Blidah, se sont bien calmées; toutefois cette propriété qui paraît contenir 1 hectare 66 ares d'après le plan de M. Lioult, est dans de bonnes conditions, et maintenant encore on trouverait facilement, je crois, à la fieffer par 350 à 400 francs de rente annuelle, mais je crois comme M. Savary, en 1846, qu'on ne pourra que gagner à attendre pour en consentir la vente.

M. Savary a eu tort depuis qu'il est à Alger, de ne pas faire vendre chaque année, le foin produit par certe propriété dont on eut pu obtenir de 120 francs à 150 francs par an, en s'y prenant dans la saison convenable.

Cette propriété, vue par M. Larible, le 24 avril 1847, et que j'ai aussi visitée, n'est séparée de la grande route avec laquelle elle communique, du reste, que par une langue de terre appartenant à M. Couput, pro, priétaire à Blidah, est contigüe à la briqueterie de M. Hadou, qui, je crois, en traiterait volontiers.

Il y a sur cette propriété d'anciennes ruines de maison qu'il pourrait être convenable de réédifier, et un certain nombre d'arbres de diverses espèces.

Lors de mon excursion à Blidah, je n'eus pas le loisir de m'occuper de la vente du foin de cette propriété; mais à mon retour à Marseille, j'écrivis directement à un propriétaire de ma connaissance, à Blidah, qui a bien voulu faire la vente du peu de foin qui restait encore sur cette propriété, et ce, moyennant 20 francs seulement, parce que le Siroco qui m'avait renvoyé d'Alger, quelques jours auparavant, avait brûlé votre récolte.

Le prix de 20 francs obtenu en 1847, est bien insignifiant sans doute, mais si ont eut vendu à temps, je ne doute pas qu'on eut eu au moins 150 francs. Toute fois cette vente de 1847, constitue pour vous votre premier acte de possession, utile sur cet immeuble.

Il est à remarquer que cette propriété a été vendue le 1er février 1834, moyennant 72 francs de rente, comme contenant 15 hectares 72 ares, (et elle ne paraît contenir qu'un hectare 66 centiares). Le domaine, ayant séquestré cette rente sur l'ancien vendeur, a été assigné le 21 octobre 1845, en vertu de l'ordonnance de 1844, en délivrance de limitation et réduction, le cas échéant.

Il serait convenable de suivre cette action ou de s'entendre à l'amiable avec l'administration, afin de faire déterminer la réduction de la rente, eu égard à la contenance qui paraît exister, afin d'éteindre aussi l'action du 21 octobre 1845, et de terminer ce procès qu'il ne faut pas laisser périmer.

Vos titres ont été déposés au contentieux, sous le n° 273, dossier 437, mais cette mesure doit être inutile si cette propriété, comme je le suppose, se trouve située dans le rayon fixé par le deuxième alinéa de l'article 1er de l'ordonnance du 21 juillet 1846, ce qu'il sera bon de vérifier dans les bureaux du contentieux.

N° 24.

TAGUELMAS TEFAHA.

Le n° 24 de votre tableau concerne une propriété vendue sous le nom de Taguelmas Tefaha, distinct de Beni Kelil, inconnue de M. Savary.

Le 14 mai 1847, M. Larible, pour essayer de la reconnaître, s'est adressé au Scheik de Beni Kelil, qui n'a pu lui fournir de documents, mais a promis de s'en procurer.

Toute cette portion du Beni Kelil est divisée en jardins arrosables, une portion sert à la culture du tabac.

Cette culture indiquerait que ces terrrains auraient une grande valeur, et rendraient très désirable pour vous la découverte de votre propriété.

On devrait y parvenir, car dans le contrat de vente du 31 janvier 1834, reçu par le cadi Maleki, à Alger, le sieur Miben-Abdal-Rahman, naturel de Tefaha, a vendu cette ferme de Taguelmas comme contenant 60 paires de bœufs (ou 492 hectares), ensemble le droit à l'eau de la rivière tous les mercredis, deux fontaines, deux cabanes en pierre, des vignes, des grenadiers, et ce, moyennant 216 francs de rente, et il doit avoir remis un ancien acte de partage à M. Vildieu, que vous représentez.

Sans contenir des abornements précis, ce contrat contient des indications telles, qu'on doit pouvoir parvenir à la découverte de votre immeuble, qui, sans doute, doit être loin d'avoir la contenance promise, car 492 hectares qu'on leur assigne dans l'acte de 1834, comme superficie, dans un quartier qui paraît avoir toujours été cultivé et arrosé, constitueraient un immeuble qui devrait être connu de suite.

Mais cette circonstance qu'il y avait deux petites constructions en pierre, qu'en vendant, le sieur Abdel Rahman a continué de l'occuper, devront faciliter les recherches promises par le Scheik.

Le 21 octobre 1845, on a assigné en reconnaissance de propriété, en délimitation et réduction de rente s'il y a lieu, il faudrait ne pas laisser périmer cette action, et s'assurer si, par sa situation, la demande a été portée devant le tribunal qui doit en connaître.

Votre instance en vérification de titres a été formée le 8 février 1847, n° 274, dossier 438.

N° 25.

MAISON A BLIDHA.

Le n° 25 de votre tableau, concerne une maison située à Blidah, louée pour 4 ans, à partir du 1er août 1845, à un sieur Dannepont.

Cette propriété acquise devant le cadi Maleki, d'Alger, le 7 février 1854, moyennant 100 francs de rente, des deux enfants de Hadj-Aben-Alkacem-Al-Kondj, consiste en une maison Mauresque, composée de 8 à 9 chambres, régnant autour d'une cour carrée, maintenant en bon état.

Cette maison occupée par des houris est sous-louée par le sieur Dannepont, votre locataire, à un sieur Delassusse, moyennant 1,200 francs par an ; ce dernier la sous-loue à raison de 25 francs par jour, à une mauresque, ce qui, en supposant que cette mauresque paie exactement, donne un énorme loyer de plus de 9,000 francs, pour une maison qui ne vous rapporte que 300 francs.

J'ai visité cette propriété avec un riche propriétaire de Blidah, en compagnie d'un employé de la police (qui, après m'avoir accompagné dans une autre de vos propriétés, au même usage que celle-ci, a refusé de recevoir 5 francs que je lui offrais comme gratification, et cela, par le motif qu'il était de son devoir de faciliter mes recherches; qu'en conséquence, ne faisant que remplir un devoir, il n'avait pas de récompense à percevoir.) Je vous signale ce fait, car il indique une susceptibilité fort horable, que je ne m'attendais certes pas à trouver dans un homme de son emploi.

Dans une de ses notes, M. Savary indique, qu'après le bail de M. Dannepont, on pourra obtenir de cette propriété, 7 à 800 francs; pour moi je considère comme à peu près certain qu'on n'en obtiendrait pas moins de 1,200 francs, et que si, lorsqu'il l'a louée, M. Savary fut resté deux ou trois jours à Blidah pour se renseigner, il n'eût pas obtenu, en 1845, moins de 6 à 700 francs de loyer.

TERRE TARIHOUTE.

Le n· 30 de votre tableau s'applique à la 1/2 de la propriété de Tarhioute, terroir de Beni-Monca, vendue le 14 février 1834, devant le cadi Maleki d'Alger, par Sid Omar, et Fatima (enfants de Mohammed-Ben-Kedour, autrefois chef ou Mekadem Alezera) pour 30 paires de bœufs (ou 307 hectares 9 ares 81 centiares) avec prise d'eau pendant trois jours tous les neuf jours, et deux chambres en pierres.

Cette vente a eu lieu moyennant 300 francs de, rente (sujette à retenue, à raison de 6 francs par paire de bœufs manquant), payée jusqu'au 17 juillet 1838, transportée le 8 juillet 1835 à un sieur Creusé de Villy, avec lequel vous avez divers procès, dont je vous entretiendrai séparément, à raison des complications auxquels ils ont donné et donnent encore lieu.

M. Larible a visité cette propriété le 5 mai 1847, elle est située à environ 2 kilomètres du marché de l'Arba , et lui a paru faire pointe entre une rivière et un ruisseau qui se jette dans ladite rivière sur la rive gauche, elle est assez rapprochée de la route de Blidah à Fondouk.

D'après les renseignements fournis à M. Larible par un frère des vendeurs de cette propriété, elle consisterait : 1° en une petite orangerie;

2° En une cour plantée de figuiers, et une autre orangerie;

3· En trois pièces de terre d'étachées dans la montagne ;

Et 4· En une assez grande pièce de terre dans la plaine, bornée à l'est par l'oued El Djemma, et à l'ouest l'haouch Romili.

Le 8 juillet 1846, le sieur Dardé s'était transporté aussi sur cette propriété avec un sieur Omar-Kadour, frère des vendeurs.

Ces divers renseignements n'assignent aucune contenance suffisamment précise à cette propriété; bien que son existence ne fasse plus de doute, on peut à l'avance considérer comme très-certain, qu'elle est loin d'avoir la contenance promise; comme la demande en vérification de vos titres a été formée le 8 février 1847, n° 275, dossier 439, il sera utile, l'orsque l'administration s'occupera de fixer vos limites, d'appeler les personnes qui, en 1846, en ont parlé à M. Dardé, et qui lui ont paru la bien connaître, parce qu'ils en seraient voisins.

Puisque M. Dardé avait pu voir cette propriété le 8 juillet 1846, qu'il avait dû rendre compte de sa visite à M. Savary, on doit s'étonner que celui-ci n'ait pas cherché à la fin de 1846, à compléter ces premiers documens, et à louer d'une manière ou d'une autre cet immeuble, qui devait d'autant mieux provoquer son attention, que les débats avec M. de Villy ne lui permettaient pas de ne point s'en occuper.

N°⁸ 33 et 34.

MAISON ET JARDIN ZUNKER ET BEZRAIMA.

Les n°⁸ 33 et 34 de votre tableau, s'appliquent : 1° à une maison en ruines située à Coleah, dans la principale rue de cette petite ville; et 2° à un jardin ou terrain qui se trouve situé à environ un kilomètre de Coleah, acquis le 17 février 1834, moyennant 76 francs de rente, qui n'ont jamais été réclamés.

Cette propriété a été acquise ; sans garantie, comme contenant deux paires de bœufs, ou 28 hectares 35 ares 9 centiares.

Il résulte du travail de M. Savary, du 15 mars 1847 :

1° Que le plan de cette propriété a été dressé par M. Liout, géomètre, et qu'elle contient 1 hectare 56 ares, au lieu de 28 hectares 35 ares 9 centiares; 2° que le 21 octobre 1825, vous avez assigné et les vendeurs et l'administration des domaines, réputés propriétaires de la rente en délimitation et réduction de rente, en cas de différence, sans que cette, instance ait été suivie.

M. Larible a visité cette propriété le 27 avril 1847; d'après lui, 1° la maison est occupée par un Maur qui la tient de l'Etat, moyennant, un loyer de 76 francs, et si l'on faisait des réparations, on louerait cette propriété beaucoup mieux.

2° Le terrain est situé sur un plateau, à gauche et sur le bord du chemin, il est de mauvaise qualité.

Votre demande en vérification a été formée au contentieux, sous le n° 276, dossier 440.

Il est indispensable de s'occuper de cette propriété sans perdre de temps, et cela par les motifs suivants :

Si la rente est due au domaine, il y a eu nécessairement une décision qui en prononce le séquestre à son profit, et on doit pouvoir en s'adressant à lui, se fixer sur la réduction à faire subir à la rente, pour raison de la différence qui existe dans la contenance qui se trouve être d'un hectare 56 ares, au lieu de 28 hectares 35 ares.

Il n'est pas raisonable que l'administration loue en son nom direct une propriété qui vous appartient. Il est plus rationnel que le locataire sache que vous êtes ses propriétaires, et paie ses loyers dans vos mains, sauf à vous, à payer la rente qui sera reconnue exister à votre charge, lorsqu'on se sera réglé sur la différence à lui faire subir.

Il me semble qu'en s'adressant au domaine pour savoir la date de la décision qui lui attribue cette rente, on pourrait aisément, et sans faire de frais sur l'action du 21 octobre 1845, se régler sur la réduction de la rente sans autre procédure, et arriver à un traité, qui, en donnant satisfaction à vos intérêts, réglerait vos droits d'une manière raisonnable, et consacrerait ainsi votre propriété ; l'administration du contentieux et du domaine, en les invitant à s'occuper simultanément de cette affaire, le feraient, à n'en pas douter, de bonne grâce, et vous termineriez ainsi, sans autre embarras, ce qui est relatif à cet immeuble.

Quant au terrain, et quelque mauvais qu'il soit, vous auriez, s'il ne produit pas d'herbe, à le faire planter de quelques arbres, afin d'y faire acte de possession pour éviter que d'autres ne s'en emparent, tout cela, avec un peu de soin, doit être très facile à faire.

TERRES KEDIA EL-RAYEN, KRECHA FARAON SIDI YEKLIF.

La propriété composant le n° 37 de votre tableau, a été acquise le 17 février 1834, par acte devant le Scheik Ben Alazil, sans garantie, pour une contenance de six paires de bœufs (ou 30 hectares 28 ares 30 centiares), et cela du Sid Abd-al-Kador-Ben-En-Hammed-Ben-Said, moyennant 108 francs de rente.

Cet acte transcrit à Alger, le 18 mars 1834, indique que cette propriété se compose de deux parties appelées l'une Kedia Alzaat, et l'autre Hoche Aroun Faron, située à Alkeba Harons, territoire de Sidi Yeklif.

Suivant contrat reçu par M. Martin, notaire à Alger, le 16 juin 1835, on a réalisé devant lui l'acte du 17 février 1834, et on lit dans ce contrat que cette propriété est séparée en deux parties, par la route d'Alger à Stavali, joignant la propriété de Kouch, et qu'elle est limitée par la route d'Alger à Koleak.

M. Larible, dans une note, indique que cette propriété est située près de Cheragas et de Dely Ibrahim, dans le Sahel.

Cette note toute insuffisante qu'elle est, prouve cependant qu'avec un peu plus de soin, M. Savary eût découvert facilement cette propriété, dont la rente a été payée jusqu'au 22 mai 1839, d'après ses notes, et sur laquelle une lettre du 15 avril 1843, de M. Desnoyers, un de vos anciens mandataires, donnait quelques renseignements.

En effet, si cette propriété est dans le voisinage de Dely Ibrahim, elle serait à une très petite distance d'Alger, car la commune de Dely Ibrahim est du nombre de celles où les titres de propriété ne sont pas sujets à vérification, d'après l'article 1er de l'ordonnance du 21 octobre 1844, parce que la culture était déjà suffisamment faite dans les communes exceptées de cette mesure de vérification. Puisque Dely Ibrahim constituait une commune en 1844, puisqu'il y avait un maire, c'est que déjà il y avait un centre de population européenne convenable: partant on ne devait pas avoir de grands efforts à faire pour découvrir (si elles existent), vos propriétés Kédia El Rayen et Frecha Faroun; et les indications assez précises contenues dans l'acte de 1835, rendaient cette recherche facile.

Il convient d'appeler de suite l'attention de M. Savary sur ces propriétés , afin qu'il s'en occupe, sache en quoi elles consistent, et si elles sont oui ou non occupées, et par qui, et depuis quelle époque.

Il est nécessaire aussi de suivre sur l'action en délimitation du 21 octobre 1845, formée contre votre vendeur, si on ne parvient à le découvrir, en s'adressant à de vieux Arabes, ou à quelques Marabouts qui auraient pu le connaître; car dans l'acte de 1834, il est indiqué comme un VÉNÉRABLE VIEILLARD A BARBE BLANCHE, cette qualification qui lui est donnée devant le Scheik Ben Alazil, indiquerait que cet individu était plus qu'un Arabe ordinaire ; puis d'un autre côté, comme il a reçu sa rente jusqu'en 1839, il lui fallait venir à Alger, et avec quelque peu de soin on devrait arriver à savoir à quoi s'en tenir sur cet individu.

Peut être qu'en s'adressant : 1° au sieur Hodja Mabzai, qui occupe votre propriété à Birmandrais , n° 7; et 2° au sieur Soliman, qui occupe la propriété Hadj Hassem, près Kouban, n° 38 de vos propriétés, M. Savary apprendrait de ces deux individus , tous deux Arabes , ce qui lui est nécessaire sur ABD ALKADOR, Ben-Enhammed-Ben-Saïd, votre vénérable VENDEUR A BARBE BLANCHE. Ces deux fermiers , quoique arabes, parlent un peu français, Soliman est votre fermier depuis plusieurs années, il connaît bien le pays, et eût certainement facilité la découverte de cette propriété, si M. Savary eût songé à s'adresser à lui.

Le 8 février 1847, on a déposé au contentieux, sous le n° 277, dossier 411, la demande en vérification de vos titres; à la date du 22 mai 1847, on prévenait que quelque chose manquait à la production faite pour vous, il importe de faire compléter ce dossier, car cette propriété étant dans le voisinage d'Alger, devra attirer toute l'attention de votre représentant, pour l'utiliser à votre profit, sans plus de délai.

N° 38.

HADJ HASSEM, PRÈS KOUBA.

Le n° 38 de votre tableau est relatif à une propriété acquise en deux parties, le 21 février 1854, moyennant 1,450 francs espèces, et une petite rente de 13 fr. 50 cent., payable d'avance, et acquittée jusqu'au mois d'octobre 1847; elle vous avait été vendue pour 12 hectares 50 ares 79 centiares, mais d'après le plan dressé par M. Dardé, elle ne contient que 8 hectares 60 ares 3 centiares.

Cette propriété est occupée par le sieur Soliman, qui a paru à M. Larible, la bien cultiver; elle est située dans une belle position, entre les jolis villages de Birkadem et de Kouba, à 8 kilomètres environ d'Alger.

La toiture du bâtiment ayant été incendiée en 1847, a été refaite en tuiles; par sa situation très rapprochée d'Alger, cette propriété, sur laquelle le locataire actuel fait percer un puits, est appelée à prendre une assez grande valeur relative; M. Savary estime cette valeur a 10,000 francs, et son évaluation n'a certainement rien d'exagéré.

A la fin du bail fait au sieur Soliman, sa location pourr être augmentée d'une manière notable; mais s'il désire rester votre fermier, vous devrez le traiter favorablement, c'est un arabe laborieux, qui parle notre langue, et qui paraît attaché à son exploitation. Il a fait plusieurs voyages avec M. Larible qui a été très satisfait de ses services, de son intelligence et de son zèle.

N° 39

TERRE ZAÏRA CID SEFTA.

La propriété Zaira Caid Sefta (ou Seste), a été acquise le 26 février 1854, devant le Cadi Maleki, de la dame Zaïra Ben Mohammed, ayant agi pour elle et ses enfants, pour une contenance de 50 paires de bœufs, ou 683 hectares 77 ares, moyennant 180 francs de rente, sujette à retenue à raison de 6 francs par chaque paire de bœufs manquant.

La rente a été payée jusqu'au 16 mai 1859, ce qui vous a libéré jusqu'au 26 février 1840.

Cette rente paraît avoir été transportée à des sieurs Mustapha et Mohammed Bekir, et à une dame Fatiam, qui vous ont assignés le 8 avril 1843, en paiement de 1,400 francs, pour arrérages de rente.

D'après ce qui résulte du travail de M. Savary, du 15 mars 1847, un jugement du tribunal d'Alger, du 12 avril 1843, vous aurait condamnés à payer 1,400 francs pour arrérage, et aurait prononcé la résiliation du contrat de 1854: par suite de l'opposition formée à ce jugement, il en serait intervenu un autre le 2 décembre 1843. Le 2 juillet 1844, un appel aurait été interjetté dans votre intérêt, mais le 12 juillet 1845, M. Barberet (qui était alors votre défenseur), aurait versé à M. Sabattery, avocat de vos adversaires, 1,500 francs à compte sur les sommes dues à ses cliens, au moyen de quoi cet appel n'aurait pas été suivi.

M. Savary, dans son travail du 15 mars 1847, termine ainsi ses observations pour ce qui concerne cette propriété :

« M Sabattery, qui n'a pas trouvé d'obstacle pour recevoir 1,500 fr., « en trouverait maintenant pour régulariser cette affaire entièrement: il a « demandé en premier lieu l'expédition de la dernière quittance des « arrérages. Cette expédition lui a été soumise.

« Il a demandé ensuite communication de l'acte de cession de MM. Vilé« dieu et Joints, votre représentant en a tiré une copie sur papier libre « de la minute, déposée à Me Martin, notaire. Il ignore maintenant pour« quoi M. Sabattery remet toujours la conclusion définitive de cette affaire, « à l'occasion de laquelle il a fait des reproches à M. Barberet.

Je regrette bien vivement que M. Barberet ne m'ait pas communiqué tous vos dossiers, et de n'avoir pu obtenir les pièces de cette affaire, que quelques minutes, et lors seulement que M. Barberet m'a envoyé son principal clerc, pour terminer, disait-il, tous ses comptes avec vous, et régler à forfait ce qui lui était dû ; à ce moment votre position avec M. Barberet était devenue telle, que je ne pouvais régler avec lui, qu'autant qu'il me remettrait des dossiers complets, des notes détaillées, etc.; de sorte que le représentant de M. Barberet ayant trouvé mes exigences trop fortes,

remportât le tout avec lui, et que quittant Alger le mardi suivant , après
avoir fait faire à M. Barberet une signification dont je vous rendrai compte
séparement, il me fut impossible de vérifier ce dossier avec l'attention qu'il
doit mériter ; je puis affirmer cependndant qu'en le parcourant avec le principal clerc de M. Barberet, j'y ai vu la quittance de 1,500, francs donnée
par M. Sabattery.

J'ai lieu de penser que cette affaire a été aussi négligée par M. Barberet que vos autres procès, car à l'aide des notes de M. Savary, je
remarque que vous avez été assigné le 8 avril 1845, en condamnation de
1,400 francs, pour arrérages, et en résolution de rente. Et que le 12
avril (4 jours après), un jugement par défaut aurait accueilli cette
demande.

Ce jugement, rendu le 12 avril 1845 sur une assignation du 8, était
évidemment nul, car l'article 69 de l'ordonnance du 26 septembre 1842,
en rendant la déclaration des nullités facultatives pour les tribunaux ,
n'avait pas en vue d'abréger les délais, de telle manière que l'assigné fut
dans l'impossibilité de se défendre, il faudrait prêter aux ordonnances
qui ré ͜issaient la procédure algérienne avant celle du 16 avril 1845,
des idées d'absurdité qui n'existent pas , et que la simple raison ré-
prouve, sans qu'il soit besoin d'être légiste.

N'ayant pas vu la procédure, j'ignore quels motifs M. Barberet aura
fait valoir lorsqu'il a fait une opposition en votre nom, mais je serais surpris que s'il eût fait valoir un moyen aussi simple , il ne l'eût pas fait
accueillir, parce qu'il me paraît irrésistible.

Ce n'est pas tout encore, on vous assignait en 1845 , en paiement
de 1,400 francs pour arrérages de rentes, et vous n'avez pas oublié que
vous aviez payé par avance, devant Mᵉ Martin, notaire, le 16 mars 1839,
l'année à écheoir au 26 février 1840, de sorte qu'en 1845, au 8 avril ,
vous ne deviez que 720 francs; savoir : 540 francs pour trois années de
rente échues au 26 février 1843, et 180 francs pour l'année exigible
d'avance audit jour 26 février 1843, pour vous libérer par avance jusqu'au
26 février 1844.

Vous remarquez par la seule énonciation de ces deux faits, avec quelle vigilance on s'est occupé de vous; cependant, le 12 juillet 1845, M. Savary verse à M. Barberet, 1,500 francs, afin d'acquitter votre prétendue dette en principal et frais; à ce moment M. Savary savait de son côté que vous ne deviez que 720 francs, et non 1,400 francs, il a dû en parler avec M. Barberet, lui en fournir la preuve; cependant le même jour, 12 juillet 1845, M. Barberet verse vos 1,500 francs à M. Sabattery, et depuis ce temps votre affaire est encore à régulariser, malgré les reproches que M. Savary dit avoir adressés à M. Barberet.

Pour moi, j'ignore quel nom donner à tant de négligences, à tant d'incurie pour vos intérêts, dont j'ai trouvé tant de répétitions dans les quelques dossiers que j'ai pu examiner pour vous, pendant mon séjour à Alger.

Il importe que cette affaire ait une solution prompte et définitive, ou que les magistrats du parquet d'Alger soient suppliés de la hâter, si leur intervention devient nécessaire.

En effet, puisque votre appel subsiste encore, il faut bien que M. Sabattery, pour ses cliens, reconnaisse qu'il ne leur était dû que 720 francs à l'époque où il a obtenu son étrange jugement, du 12 avril 1843, sur une assignation du 8; qu'il établisse le compte de ses frais, et des arrérages échus depuis, afin qu'il leur fasse donner une quittance régulière et définitive, établissant que ses cliens sont bien les cessionnaires de la rente de 180 francs, objet de ces singulières procédures ; il faut sortir d'une pareille écurie d'Augias.

Vous pourriez soutenir que vous ne devez pas payer les arrérages échus depuis 1844, et vous fonder à cet égard sur les ordonnances de 1844 et 1846, et sur l'action que vous avez formée le 21 octobre 1845, devant le tribunal de Blidah: (action qu'on a eu la maladresse de ne pas suivre, et qu'il faut continuer sans délai); mais pour en finir avec M. Sabattery qui a du négliger cette affaire parce qu'il n'aura pas été pressé convenablement, et par M. Barberet et par M. Savary, qui de son côté et sans le concours de votre ancien avoué, eût bien pu, s'il l'eût voulu, conduire cette affaire à bien, il vous faut, dis-je, terminer et obtenir une quittance régulière; cela fait, vous aurez (si vos créanciers ne veulent pas s'occuper de vous mettre en possession, et faire arpenter à l'amiable la propriété grevée de leur rente, la réduire en cas de différence dans la contenance), à suivre devant le tribunal de Blidah, votre action de 1845, après qu'on se sera assuré que votre propriété ressort bien de ce tribunal, afin d'éviter toute nouvelle sottise.

M. Sabattery étant fort estimé à Alger, vous aidera, j'en suis persuadé, à regler cette affaire déplorablement négligée.

M Savary vous disait, dans votre grand tableau, que cette propriété n'avait pas encore été découverte; **M.** Larible l'a cependant vue et visitée le 12 mai 1847, elle est située sur l'ancienne route de Bouffarik à Milianah et de Blidah à Cherchel, est à environ 4 kilomètres de votre terre de Marmon et de la Chiffa.

Lors de la visite de M. Larrible, elle était occupée par des arabes qui y avaient une magnifique récolte en blé et en orge (productions plus belles qu'aucunes de celles de même nature que vous pourriez voir en France): il y avait un grand bâtiment carré, en ruines, ayant environ 25 mètres de chaque côté, et un puits que les occupants ont fait vider l'année dernière.

Pour M. Larible cette propriété lui a paru très-belle et en très-hon fonds, et cette appréciation doit vous paraitre justifiée par l'occupation des arabes, qui , quand ils s'installent quelque part, ont soin de ne planter leur tentes que sur les meilleurs terrains.

Ainsi, à cette première visite, M. Larible a pu parcourir et visiter une propriété que M. Savary n'avait pas vue depuis 1844, et sur laquelle vous eussiez vendu avec grand avantage de très-bons foins, si M. Savary s'était occupé plus tôt d'en faire la recherche.

Vous aurez encore à vérifier pour cette terre si les arabes qui l'occupent n'y ont pas encore été implantés par quelque prétendu chef arabe moyennant redevance, à en exiger la répétition, si quelque chose a été perçu, et à obtenir de ces arabes, ou qu'ils cultivent comme vos fermiers, ou qu'ils déguerpissent, et vous devrez à cette occasion vous adresser à M. le commandant militaire du bureau arabe de Blidah ou de Milianah, suivant que cette propriété ressortira de leurs attributions.

La demande en vérification de vos titres a été déposée au contentieux le 8 février 1847, n° 278, dossier 442.

N° 40.

MAISON A BLIDAH.

Le n° 40 de votre tableau concerne une maison située à Blidah, quartier Albekoua, acquise le 26 février 1854, par acte enregistré à Alger, le 7 mars suivant moyennant 270 francs de la dame Zaïra-Ben-Mohammed, veuve de Sid-Kaid-Sefta, ayant agi pour elle et ses enfants.

Cette maison qui jadis était occupée moyennant 140 francs par un sieur Jamina, est de présent occupée par le sieur Dannepont (votre locataire de la propriété n° 25), à raison de 300 francs par an à partir du 1er novembre 1846.

Le sieur Dannepont a sous-loué, par le prix de 600 francs, cette maison à un sieur Delassusse qui y a fait diverses réparations, et qui la sous-loue de son côté à des houris, à raison de 20 francs par jour. Il deviendra volontiers votre locataire direct par ce prix de 600 francs, lorsque le bail du sieur Dannepont sera expiré.

Outre cette maison occupée par le sieur Dannepont, l'acte du 26 février 1854 en concernait une autre qui a été expropriée pour l'établissement d'un hôpital; et pour raison de cette dépossession, la direction de l'intérieur vous a accordé une rente de 378 francs; mais le paiement ne vous en a pas encore été fait, parce qu'on a exigé d'anciens titres de propriété antérieurs à 1830, et un certificat de non inscription.

Comme la dame Kaïd-Sefta réclame maintenant quelques arrérages de sa rente de 270 francs, il sera facile d'exiger d'elle qu'elle fournisse à l'administration les pièces nécessaires, pour qu'on puisse faire ordonnancer en votre nom, le paiement des arrérages de cette rente de 378 francs due depuis plusieurs années; il serait dérisoire que la créancière qui a reçu sa rente régulièrement jusqu'en 1842, et qui a même dû toucher quelques à-comptes depuis, put exiger votre libération vis-à-vis d'elle, quand, de votre côté, vous ne pourriez forcer l'administration à vous payer la rente qu'elle vous doit pour raison de la maison dont elle vous a dépossédé.

Déjà on a écrit à M. Savary, dans ce sens, afin qu'il active la terminaison de cette affaire, qu'il importe de ne pas négliger : et par une lettre du 14 juillet 1847, il indique que le 8 juin dernier il a obtenu l'acte de notoriété demandé par l'administration, de sorte qu'on doit espérer que très prochainement, cette affaire sera régularisée et votre rente de 378 fr. versée.

N° 41.

1/2 TERRE MEYDOUBA.

Cette propriété acquise pour moitié devant le cadi Maleki d'Alger, le 27 février 1834, par acte enregistré le 11 mars de Sid-Mustapha-Ben-Ali, tirant son origine du Scheik-Mohammed-Ben-Medjouba, pour la contenance de 60 paires de bœufs (ou 492 hectares), moyennant 360 francs de rente, sujette à retenue de 5 francs 40 centimes pour chaque paire de bœufs manquant, était réputée être assez considérable par M. Hébert, un de vos co-intéressés.

Elle n'était pas connue de M. Savary; cependant dans son travail du 15 mars 1847, il indique que d'après les renseignements qu'il a obtenus de divers arabes du quartier des Hadjoutes, où cette propriété est située, elle serait assez jolie.

D'après M. Larible qui ne parait pas l'avoir vue, elle serait située près de Sidi-Yeklef et du lac Galoula, le terroir de toutes les propriétés du même quatier serait excellent.

Quelques faibles que soient ces documens, ils devraient conduire à ce qu'on put être mieux fixé; en effet puisque des arabes ont dit à M. Savary que cette propriété était jolie, c'est qu'ils la connaissent; puis qu'on a dit à M. Larible qu'elle serait près du lac Galoula, on a ainsi un point de départ pour faire des recherches qu'on devrait rendre profitables.

Il est remarquable : 1° que la rente relative à cette propriété a été payée jusqu'en 1810, d'après ce qui résulte d'une quittance reçue par M. Martin, notaire à Alger, le 27 mai 1839, pour l'année exigible d'avance; 2° que vous n'avez que la 1/2 de cette même propriété, et que le tout pourrait bien être occupé, soit par votre vendeur, lui-même qui s'y serait réinstallé depuis 1840, soit par les co-propriétaires de l'autre moitié.

En s'adressant au contentieux, où beaucoup de plans de fractions du territoire Algérien sont déjà déposés, on obtiendrait peut-être des renseignements utiles.

Le 21 octobre 1845, on a formé en votre nom devant le tribunal d'Alger, une action en délimitation et réduction de rente, en cas de défaut de contenance, on n'a pas suivi sur cette demande ; mais si on ne parvient pas à découvrir la demeure actuelle de votre vendeur, et à se régler à l'amiable sur la différence de contenance, s'il en existe une, il faudrait aussi faire suivre cette action, afin d'en prévenir la péremption.

Votre demande en vérification de vos titres a été formée au contentieux sous le n° 279, dossier 445, le 8 février 1847.

N° 46.

HOCHE KOUDJ-KOUDJE.

Dans le tableau de vos propriétés, celle appelée Hoche Koudj, sous le n° 46, est indiquée comme inconnue.

Elle a été acquise pour moitié devant le cadi d'Alger, le 20 février 1854, suivant acte enregistré le 11 mars, de Sid-Ali-Alnafi-Ben-Hessam, connu sous le nom de Ben Bache-Aga, agissant au nom du savant Sid-Hamed-Ben-Mohammed, dit Almedi, comme lui provenant de ses auteurs.

Elle a été indiquée comme consistant en terres labourables et non labourables, bois, arbres fruitiers, figuiers, oliviers, mûriers, eaux courantes et dormantes, contenant 50 paires de bœufs (ou 410 hectares 26 arcs 40 centiares) et située dans la plaine Othon ou Beni-Kelil.

On vous a vendu en même temps, toute la terre joignant ladite ferme, et consistant en terres labourables et non labourables, bois, etc. ; le tout d'une contenance de 10 paires de bœufs (ou 82 hectares), et édifiée de deux cabanes près de la propriété Ben-Hamara, avec stipulation de 6 réals Boudjoux, par chaque paire de bœufs manquant.

Cette propriété a été acquise moyennant 360 francs de rente, payée jusqu'au 20 février 1839, pour vous libérer de l'année à échoir au 20 février 1840, époque à laquelle elle aurait été transportée à un sieur Dumoy fils, propriétaire à Alger, pour les arrérages à partir de 1840 à 1846.

Dans son travail du 25 mars 1847, M. Savary dit qu'il ne connait pas encore cette propriété, mais qu'étant située dans le Beni-Kelil, elle doit produire de bons fourrages, M. Larible a été plus heureux que votre représentant ne l'avait été jusqu'en 1847, car le 10 mai de la même année, il a pu la parcourir, sans pouvoir être fixé cependant d'une manière positive sur vos véritables limites, parce que lors de son excursion il n'avait pas le loisir nécessaire pour se fixer d'une manière absolue.

D'après les notes de M. Larible, cette propriété serait bornée à l'ouest par l'Haouche-Gredia et Oued-Alek, habitée par M. Remy-Loug, à l'est par la propriété de M. le comte Raousset, (un des principaux et des plus sérieux colons de l'Afrique), au sud par l'Haouche Zaonia; cette propriété serait située à environ 12 kilomètres de Blidah, sur la route de Sept à Bouffarik, et un blockau y serait établi.

Le domaine prétendrait à la propriété de 5/6mes de cette terre, M. Grisolles prétendrait à un autre sixième, et M. de Rausset à une autre portion. Ces prétentions paraissent vous tenir en réserve des difficultés assez sérieuses, lorsque l'administration, saisie de votre demande en vérification de titres, sous le n° 280, dossier 444, aura à s'en occuper.

Quant à la propriété qui vous a été vendue comme contenant 10 paires de bœufs ou 82 hectares, et située à côté de l'Haouche Rou-Amara, des arabes paraissent établis sur le tout, MM. Grisolles et de Raousset en auraient fait faucher les foins en partie, parce que M. Raousset, d'après sa déclaration représenterait un Italien.

La plus grande partie de cette propriété, dont le fonds est très-bon, et peut-être tout l'ensemble à dû être cadastrée en 1844 ou 1845, par un géomètre de l'administration.

Ces documents, bien qu'ils n'assignent pas une limite fixe et assurée à ce qui constitue votre propriété , sont cependant très graves, et si M. Savary s'en fut occupé, il eût pu se les procurer depuis 3 ans, et s'en expliquer avec M. Grisolles, et avec M. de Raousset, qui peuvent être fondés , chacun pour ce qui le concerne, à réclamer des droits sur la première portion de cette propriété, dont vous n'avez que la moitié (ou 5/6mes, vendue pour 410 hectares).

Or, si ces Messieurs ont traité des trois autres sixièmes avec les parents de Ben Mohammed, dit Almedi, votre vendeur en 1854, ils pourraient avoir des droits très légitimes, très sérieux, et seraient co-propriétaires avec vous; en s'adressant à eux, en leur justifiant de votre contrat de 1837, ils n'auraient pas de motifs pour ne pas justifier de leurs actes, on verrait à y reconnaître si l'origine de la propriété est la même, la lumière se ferait sans discussions judiciaires.

Avec l'habitude que M. Savary a des affaires, s'il se fut occupé de cette propriété, s'il avait vu ces propriétaires comme M. Larible l'a fait en 1847, déjà vous seriez fixés sans doute. Maintenant, il importe qu'il fasse près d'eux les démarches convenables, ils ne s'agit pas pour vous de faire de l'habileté, ou de la ruse ; vous avez un titre, vous le faites examiner à vos voisins, et leur raison leur suffira pour reconnaître vos droits, si vous en avez, et vous donner satisfaction.

D'un autre côté, le domaine dit aussi avoir trois sixièmes de cette propriété, ce serait à titre de séquestre sans doute, il conviendrait aussi de s'adresser à cette administratoin, de lui justifier de vos droits; elle vous indiquerait les siens : c'est une erreur de croire que l'administration algérienne est tracassière, elle voit avec peine des propriétés inoccupées et sans culture (cette négligence des acquéreurs de bien en Afri-que, depuis 1834, a puissamment contribué à l'ordonnance de 1844), mais lorsqu'on lui justifie d'un droit loyalement acquis, quoique trop négligé, elle sait concilier les intérêts des réclamants, avec ceux de la justice, qui fait sa règle.

Or, en provoquant une conférence à l'administration des domaines avec MM. de Remilong et de Raousset, on devrait arriver à s'entendre à l'amiable, et M. Savary y fut sans doute parvenu, si depuis trois ans il s'était occupé de savoir ce que M. Larible a appris, le 10 mai 1847.

Si de ces explications il ressort que MM. Remilong et de Raousset ont fait exploiter des foins qui vous auraient appartenu, on doit compter qu'après avoir prélevé d'une manière convenable les frais d'exploitation, ils vous indemniseront des foins ainsi enlevés à votre préjudice; le nom, le rang de M. de Raousset, la position qu'il occupe en Algérie, où il s'est occupé avec un très grand zèle des intérêts généraux de ce pays, (quoique avec des idées que je n'approuve pas entièrement), doivent être pour vous une garantie qu'il entendra volontiers à tout ce qui lui sera réclamé de juste en votre nom.—Son voisinage même pourrait être pour vous d'une grande utilité, parce qu'il pourrait vous aider à louer votre propriété convenablement, et à des conditions avantageuses et pour vous et pour le fermier qui voudrait l'exploiter.

Mais en attendant la décision du contentieux sur la validité de vos titres et le résultat des démarches à faire près de MM. Remilong et de Raousset, il faudrait, si on ne parvient pas à découvrir la demeure de votre vendeur, de 1834, suivre sur votre action en délimitation et réduction de rente, du 21 octobre 1843, afin d'en éviter la péremption devant le tribunal de Blidah, qui en est saisi. Car il est supposable qu'il y aura lieu aussi à ré-duction de rente pour défaut de contenance.

Enfin, en parcourant un ancien titre arabe qui a été traduit et déposé au contentieux, on trouverait peut être des documents satisfaisans, surtout en les comparant avec ceux que pourraient fournir les titres de vos voisins, atteints comme vous par les ordonnances de 1844 et 1846, et sujets comme vous à la vérification de leurs titres, s'ils ne sont pas cessionnaires directs de l'Etat.

N° 48.

SID-ALI-ALKEBIA.

- Le 18 mars 1854, par acte devant le cadi Maleki, d'Alger, les deux enfants de Sidi Ali, descendants du Scheik-Sidi-Alkelia, représentés par un mandataire de Blidah, ont vendu la propriété connue sous le nom de Sid-Ali-Albekir, formant le n° 48 de votre tableau, comme contenant 40 paires de bœufs ou 355 hectares, avec fontaine et des vignes, le tout moyennant 180 francs de rente, payés jusqu'au 25 février 1839.

Dans son travail du 25 mars 1847, M. Savary disait ne pas connaître les limites et l'étendue exacte de cette propriété, mais que d'après des informations par lui prises d'arabes habitant les Hadjontes, il savait que cette propriété existait réellement.

Dans ses notes, M. Larible dit cette propriété située aux Hadjoutes, près l'Haouche Kacem, et qu'elle serait bornée à l'est par El Hakem, et que le fonds de terre est de bonne qualité.

Ces renseignements sont trop laconiques pour être suffisants, cependant ils ont un côté utile, et ne laissent pas de doute sur l'existence de cette propriété, qui, si elle est dans les conditions devant indiquées, doit aussi être exploitée par des arabes.

Il convient de donner des instructions pour que l'on s'assure d'une manière plus directe de la contenance de cette propriété, de son usage et de son exploitation actuelle ; qu'on s'occupe de sa prise de possession, et de suivre sur l'action en délimitation et réduction de rente formée en votre nom, le 21 octobre 1845, si on ne parvient à découvrir la demeure de vos vendeurs pour se régler à l'amiable.

En s'adressant au bureau arabe à Blidah, ou à quelques chefs arabes, on devrait savoir si ces individus existent encore, et leur résidence, ou quels seraient leurs représentants.

La demande en vérification de vos titres a été formée au contentieux, n° 281, dossier 445.

N° 49.

KHODJA BIRRY SAINT-CHARLES.

La propriété n° 49 de votre tableau, connu sous le nom de Khodja Birry Saint-Charles (ou Ouzafran) a été acquise le 11 mars 1834, devant le cadi d'Alger, par acte enregistré le 2 avril suivant, moyennant 270 francs de rente, et ce, de la famille Kodja Birry, composée d'un trop grand nombre de membres, pour que je puisse vous indiquer ici la part à revenir à chacun dans cette rente, ce travail ayant été inutilement tenté dans un acte reçu devant M. Lieutaud, notaire à Alger, les 2 et 16 août 1845, acte dont je vous parlerai ci-après.

Au lieu d'avoir une contenance de 1,303 hectares comme l'a déclaré M. Vildieu, cette propriété ne contiendrait, suivant votre tableau, que 382 hectares 56 ares 40 centiares, et cela d'après un plan qui en aurait été dressé par M. Lioult, géomètre ; elle est occupée par MM. Chrétien et Faron.

Toute énorme que soit cette différence, vous avez là une belle et magnifique propriété, traversée par la route d'Alger à Coléah, à 8 kilomètres environ de cette dernière ville, et à pareille distance des quatre chemins, bornée d'un côté la propriété de M. Bruat, d'un côté et d'un bout par des ravins et par une tranchée dans le bois, et d'autre bout par un marais, ou plustôt l'Haouche Toute.

Assez près de la grande route et sur votre propriété, se trouve une portion de terrain entourée de fortes banques en terre, formant de quasi remparts, et ayant constitué il y a quelques années, le camp des Faucheurs, indiqué sur la carte d'Afrique.

A droite de la route et sur la montagne où s'étend votre propriété, il y a bon nombre d'oliviers qu'il serait bien de faire greffer, de ce même côté, et dans le versant de la montagne, il y a 8 à 10 hectares de terre cultivés par un arabe, qui est le sous-locataire, pour cette portion, de M. Chrétien.

A gauche de la route, et vers le bois de Mazafran, se trouve un assez grand bois de frênes, dépendant de cette propriété, et qui aurait besoin d'être ébranché; de place en place et dans le bas de cette propriété se trouvent quelques bouquets d'arbres de diverses essences.

J'ai vu en partie le côté de cette propriété voisin de M. Bruat, le 27 avril 1847, avec M. Larible, parce que ce jour l'administration du contentieux s'occupant de la délimitation de la propriété de M. Bruat, propriété considérable sur laquelle il a élévé une ferme avec de très-beaux bâtiments d'habitation et d'exploitation, il y avait en 1847, une magnifique récolte en blé, orge. pommes de terre etc. De son côté et à droite de la route, il existe un fossé de séparation qui faisait d'assez grandes sinuosités, et qui sera établi par suite de nos explications devant le magistrat chargé de l'opération du 27 avril, en ligne droite jusqu'à la route, à partir d'un point où on a fixé un PIQUET ou jalon.

Dans l'origine il est supportable que ce même fossé se dirigeait (à travers la route de Coleah qui alors n'existait pas), en ligne à peu près droite jusqu'à un grand palmier qu'on aperçoit de la grande route, (c'est du moins l'opinion de M. Durand, propriétaire à Alger, qui m'en a parlé depuis cette opération).

Par suite des prétentions élevées par M. Bruat, lors de la délimitation, sa propriété avancerait sur la vôtre par enhachement à gauche de la route de Coléah, jusqu'à la limite de votre immense herbage, en allant joindre l'angle de la culture en céréales faites en 1847, par M. Bruat, puis une fois à cet angle, la ligne de séparation serait établie en formant une autre ligne se dirigeant vers un bouquet d'arbres verts, qui serait à peu de distance du palmier dont je vous ai parlé plus haut. La configuration de ce côté de votre propriété se trouvera établie dans le plan que doit dresser l'arpenteur-géomètre qui s'est occupé de cette délimitation qui a eu lieu en présence de M. Corbin, auditeur au conseil d'Etat, d'un employé des domaines, d'un géomètre, d'un grand nombre d'arabes servant d'interprètes et d'escorte.

Le voisinage de M. Bruat a pour vous son importance, car il a à côté de vous un grand et beau domaine, bien bâti, en pleine culture, et qui pourrait servir de modèle pour ce que vous auriez à faire sur cette propriété, après l'expiration du bail de MM. Chrestien et Faron.

Le sol de votre propriété étant dans les mêmes conditions que la terre de M. Bruat, on pourrait y faire la même culture, prendre la sienne pour modèle ; la beauté de sa récolte en 1847, eût été pour vous tous un bien vif excitant à l'imiter, si vous aviez pu en juger aussi par vos yeux.

A l'époque du 27 avril 1847, M. Chrestien venait de faire achever la construction d'un énorme hangard, couvert et clos en planches, que devaient occuper ses faucheurs, qu'il a dû installer à Kodja Birry, dans les premiers jours de mai, pour y récolter les plus magnifiques foins que j'ai vus de ma vie, et qui dans certaines parties avaient plus d'un mètre 40 centimètres de hauteur.

Je ne crois pas faire d'exagération, et j'ai la conviction profonde d'être bien au-dessous de la vérité, en ne portant qu'à 25,000 fr. les bénéfices nets que vos fermiers auront dû faire cette année par la vente des foins de Kodja Birry, tous frais de location, d'exploitation et de transport déduits.

Car les foins ont été acquis pour l'armée à raison de 9 fr. 50 cent. et 10 fr. le quintal ; en élevant à 5 fr. par quintal les frais généraux de fauchaison et de transport à Alger ou aux environs, on fait une part très convenable pour cet objet, et il reste encore un bénéfice de 4 à 5 fr. par quintal, et vos fermiers qui avaient sollicité une fourniture de 11,000 quintaux, n'ayant été admis le 3 mai 1847 à en livrer que 2,500 quintaux, auront eu la preuve dans cette seule livraison que votre propriété les mettait à même de fournir de très beaux résultats.

Quels qu'ils soient, vous devez vous en féliciter pour vos fermiers, car il faut que les bénéfices à réaliser encouragent et soutiennent ceux qui s'occupent de ces sortes d'entreprises ; comme toutes les années ne sont pas aussi productives, on ne pourrait prendre droit pour ce qui a eu lieu en 1847 ; mais si comme je vous le conseille de toutes mes forces, vous n'arriviez pas dans un délai très rapproché à diviser cette propriété en deux grandes fermes, en y construisant les bâtiments nécessaires, alors vous devriez exiger de MM. Chretien et Faron un loyer de 5 à 6,000 francs par an, ce qui en présentant pour vous une location très-avantageuse assurerait encore à vos fermiers quels qu'ils soient de beaux bénéfices, et feraient encore aux travailleurs une part beaucoup plus large que la vôtre, mais cela est de toute justice, et vous devrez toujours procéder d'après la même base pour vous assurer de bons fermiers en Afrique, où ils ne se dirigeront qu'avec l'espoir d'y gagner beaucoup plus qu'en France.

Dans ces locations vous ne perdrez pas de vue le prix par lequel vous avez traité. Le prix de location que vous stipulez, vous n'oublierez pas non plus, qu'en louant à des conditions avantageuses pour les fermiers, vous y attirerez des cultivateurs sérieux et intelligents, qui, par cela seul qu'ils feront de grands bénéfices, feront plus de sacrifices pour faire de bonne culture, assoler vos terres et enrichir en même temps la France d'Afrique.

Quant à présent, et en attendant que, pour ce qui vous concerne, l'administration du contentieux ait statué sur la demande en vérification de vos titres, demande formée le 8 février 1847, et qui ne doit donner lieu à aucune inquiétude, car une partie de vos vendeurs habitent Alger, et seront à même de fournir les diverses justifications de propriété qui pourront être demandées, ce qui vous assure d'une manière certaine la conservation de cette belle propriété, il vous importerait qu'à Alger on arrivât à savoir dans quelles proportions vos vendeurs ont droit à la rente de 720 fr. créée en 1834.

D'après le travail de M. Savary, du 15 mars 1847, le domaine aurait droit sur cette rente par suite de séquestre à 211 francs 88 centimes par an ; une autre portion de 75 francs aurait été transportée à un sieur Tama, d'Alger ; le surplus appartiendrait à divers de vos anciens vendeurs.

Sur des poursuites faites contre vous en 1844, à l'occasion desquelles vous n'avez pas dû être mieux défendus que dans les diverses instances que j'ai eu à examiner pour vous; vous avez été condamnés le 20 avril 1844 à payer à 58 individus une somme de 1,754 francs 12 centimes pour arrérages et frais qui ont été payés tant bien que mal devant M. Lieutaud, notaire, les 2, 16, 18 et 30 août 1845, sans qu'on ait fixé la part revenant régulièrement à chacun de ceux qui ont touché et qui avaient pris inscription contre vous, — inscriptions dont ils ont promis main levée, mais dont la radiation n'a pu encore avoir lieu.

Cependant, les 8 et 10 avril 1846, et sans être plus en règle qu'ils ne l'étaient en 1844, un certain nombre de ceux qui vous avaient poursuivis en 1844 ont formé de nouvelles demandes en paiement de certaines sommes qu'ils disaient leur appartenir pour leur part dans cette même rente de 720 francs; mais j'ai profité de ma présence à Alger pour disposer et rédiger contre eux des conclusions qui ont été accueillies devant la seconde chambre du tribunal d'Alger, le 19 mai 1847, qui a repoussé leur demande.

Ce jugement vous tranquilise, mais n'empêche pas votre dette de subsister, il est indispensable pour vous que vous puissiez vous libérer régulièrement de ce que vous devez à cet égard, et quelque nombreux que soient ceux qui se disent maintenant propriétaires de la rente de 720 francs qui vous grèvent, en réunissant ceux qui sont à Alger, en examinant les détails qui se trouvent déjà consignés dans la quittance reçue par M. Lieutaud, en priant le domaine d'indiquer sur quelle base il s'est cru autorisé à séquestrer 211 francs 88 centimes de cette même rente; en s'assurant des rapports qui existent entre les réclamants actuels et les 19 individus qui, tant par eux que par des mandataires, ont assistés à l'acte de vente de 1834, on doit pouvoir arriver à déterminer la part de chacun.

Sans doute, il s'agit d'explications difficiles à avoir avec des arabes, mais ils ont des conseils à Alger, puisqu'ils vous ont déjà poursuivis; ces arabes doivent avoir à cœur de toucher ce qui leur est dû, ils ont déjà

dû fournir à leurs avocats des documents sur leur filiation et malgré les
embarras d'un pareil acte, on doit en y mettant du bon vouloir, arriver
à établir une généalogie qui explique les rapports de famille et les droits
de chacun de ces individus, tous intéressés à obtenir ce résultat.

Si les embarras de votre position dans cette affaire avaient été expli-
qués aux magistrats d'Alger en 1844, il est hors de doute que vous n'auriez pas été condamnés à payer des arrérages à des individus qui igno-
rent encore ce que chacun d'eux peut réclamer !

A la vérité, à cette époque, on avait eu le tort très-grand de vous
considérer comme insolvables, et par cela seul qu'un individu, quelqu'il
soit vous réclamait une somme telle qu'elle, on était tout disposé à le
croire sur parole, sans exiger de lui la moindre justification de ses prétentions, contre lesquelles je doute fort, qu'on ait en votre nom, fait entendre la moindre protestation un peu raisonnée et raisonnable.

Mais maintenant on est revenu sur votre compte, on sait que vous
pouvez payer et que vous voulez vous libérer chaque fois que vous pouvez le faire avec sécurité.

A l'occasion de cette propriété de Kodja-Birry, je pourrais vous engager à ne payer : 1° qu'après que les justifications dont je viens de parler vous auront été faites, 2° et après que le contentieux se sera expliqué
sur vos titres, et cela en vertu de l'article 51 de l'ordonnance de 1846,
mais dans l'espèce la question de vérification ne doit constituer qu'une
simple formalité, et sans en attendre l'effet, et dès que vos créanciers
actuels auront établi leurs droits et la quotité de leurs droits, qu'ils vous
auront rapporté les radiations promises devant M. Lieutaud en 1845, je
vous conseille de vous libérer et des arrérages échus et même du capital
de la rente que vous devez, afin d'être tout-à-fait débarassés d'un aussi
grand nombre d'ayant part à la rente de 720 francs qui vous grève.

Avant de terminer cette partie de mon travail pour ce qui concerne
la propriété de Kodja-Birry, je dois vous faire encore l'observation sui-
vante.

Il paraît que le 29 novembre 1845 vous avez été assignés par M.
Bruat en condamnation solidaire de 566 francs 66 centimes pour frais

d'un procès-verbal de délimitation de sa terre de Kadry qui est contigue à la votre, et qu'on se serait constitué pour vous le 10 décembre 1845.

Cette demande de M. Bruat ne peut être qu'une erreur de sa part, car n'ayant jamais été appelés par lui dans une opération qui le concernât, vous ne pouvez à aucun titre être ses débiteurs.

Il serait convenable de lui écrire pour qu'il se désistât de cette action en ce qui vous concerne, ou d'écrire à M. Blassel, votre nouveau défenseur, de se constituer pour vous et de faire rejeter cette demande, si contre toute attente M. Bruat ne s'en désistait pas.

N° 50.

BENI MERED.

Par acte du 6 mars 1834, reçu par le Scheik Alazid ben Mohammed, enregistré à Alger, le 2 avril, l'honorable Al Arami ben Hamed Bourace al Mered, naturel d'al Mered Alkeli, tant en son nom qu'en celui de sa mère, a vendu la terre de Mered (portant à votre tableau n° 50), comme contenant 50 paire de bœufs (ou 196 hectares 92 ares 68 centiares), moyennant 90 francs de rente, sujette à retenue, en cas de différence, à raison de 5 réals Boudjoux par paire de bœufs manquant, avec droit à l'eau tous les sept jours.

Lors de la rédaction de ce tableau, M. Savary ne connaissait pas cette propriété; dans son travail de 1847, il indique que le territoire de Mered est d'une grande étendue, et qu'il sera bien difficile de reconnaître cette propriété.

M. Larible dans ses notes indique : 1° que cette propriété aurait dû être prise pour la constuction du village militaire de Beni-Mered, que traverse la grande route de Blidah, et qui se trouve à moitié de distance entre cette ville et Bouffarick ; 2° que le Caïd de Bouffarick lui aurait dit, à Blidah, connaître vos anciens vendeurs, qui ont été assignés le 21 octobre 1845, en délimitation et reduction de rente au besoin.

La demande en vérification de vos titres a été formée au contentieux, le 8 février 1847, sous le n° 283, dossier 447.

Ces renseignements sont loin d'être suffisants, et il serait urgent soit de s'adresser au Caïd de Bouffarik, qui a déclaré à M. Larible, connaître ou avoir connu vos vendeurs, pour se procurer des documents plus satisfaisants, soit à quelque chef arabe de Beni Méred, s'il y en a, soit dans le voisinage.

Beni Mered est un joli village dans la Mitidja, et bâti depuis peu d'années, à même diverses propriétés prises par l'Etat, en vertu soit de l'ordonnance du 3 mai 1841, soit de l'article 25 de l'ordonnance du 21 octobre 1844.

On aurait besoin de s'adresser à l'administration de l'intérieur à Alger, pour connaître la date de la création de ce village, les procès-verbaux de délimitation des terrains pris pour sa formation, les formalités remplies par l'Etat, pour s'en mettre en possession, peut être que ce dossier fournirait quelques lumières sur ce qui vous à été vendu en 1834. Pour créer ce village, il a fallu dresser des plans, figurer les terrains à prendre, se renseigner sur ceux qui jadis en étaient propriétaires, et on pourrait y retrouver quelque chose de relatif à la famille Al Arami Ben Hamed Bourace, que vous représentez, et qui peut-être reçoit de l'Etat la rente de 90 francs, créée en 1834 (et qui ne vous a pas été réclamée depuis longtemps), en vertu de l'art. 47 de l'ordonnance de 1844.

Enfin, soit aux finances, soit à l'intérieur, il me paraît peu probable qu'en y mettant du zèle, on n'arrive pas à savoir la situation exacte et la consistance de votre propriété, dont il serait surprenant que la totalité (196 hectares), eût été englobée dans la formation du village de Beni Mered; car 196 hectares forment une grande superficie, et je ne sais si ce village en a une plus considérable.

Il faudrait, sans négliger ce moyen, essayer de retrouver vos vendeurs ; si on y parvient, les engager à indiquer ce qu'ils ont vendu, si le tout se trouve enclavé dans Béni Mered, ou ne s'étend pas au-delà du mur d'enceinte, et puis suivre sur votre action de 1845, pour en éviter la péremption.

Rien n'indique qu'on se soit adressé à l'administration pour obtenir ou une indemnité pour dépossession, ou une délivrance de terrains en échange de ceux qui vous auraient été pris, cela s'explique par l'ignorance où l'on est resté sur le fait de savoir en quoi consiste votre propriété, et si on vous en a pris tout ou partie.

Peut être trouverait-on à la direction des affaires arabes à Alger ou à Blidah, quelques renseignements, mais je ne trouve aucune trace de tentatives faites pour vous fixer à ce sujet, et il est urgent de s'en occuper.

N° 51 et 52.

BEN ROUAN ET BEN SALAH.

Le 6 mars 1834, et par acte reçu par le scheik Abd Ala Sid Mohammed, le sieur Mouloud Ben Mohammed, Ben Fallah'allah, autrefois chaouche de l'aga, a vendu les terres de Ben Rouan et Ben Salah : la première, Ben Rouan, comme contenant 70 paires de bœufs, avec sources, orangers et citronniers, jujubiers, etc., et deux cabanes; la seconde, Ben Salah comme contenant 80 paires de bœufs avec 3 cabanes, 500 orangers et citronniers, 300 jujubiers, pêchers, etc., et sources. Le tout, devant contenir 1,230 hectares 79 ares, moyennant 720 francs de rente applicables pour 360 fr. à chaque propriété.

Cette propriété a donné lieu à diverses instances avec M. Darnaud, propriétaire à Toulouse, qui est devenu cessionnaire de cette rente de 720 fr., le 26 février 1835, je ne vous parlerai pas de ces procès et de leur but, dont vous trouverez les détails dans un mémoire spécial qui vous sera remis, et qui ont pour cause un procès de présent pendant devant le tribunal d'Alger avec ce même sieur Darnaud.

Seulement je consigne ici les deux faits suivants à savoir : 1° que Ben Rouan ne paraît pas exister ; et 2° que la terre de Ben Salah, dont l'expertise a été faite par M. Dardé, suivant procès-verbal commencé le 11 janvier 1846, terminé le 27 juin suivant, contient 639 hectares 10 ares, mais que le domaine s'en serait emparé comme appartenant à des tiers, d'où la conséquence que, QUANT A PRÉSENT, vous n'avez rien de ces deux grandes propriétés.

En 1846, M. Savary avait loué la terre de Ben Salah à M. Bousquet de Blidah (votre locataire de la propriété n° 19 de votre tableau), mais ce bail ne pût avoir d'effet, parce que le 15 mai 1846, on fût informé que l'autorité croyant cette terre domaniale, y avait installé des tribus arabes, déplacées de Beni Mered, lors de la construction de ce village.

M. Larible a visité la propriété de Ben Salah, en mai 1847, la plus grande partie en était cultivée, les récoltes étaient belles. Cette terre est située à environ 10 kilomètres de Blidah et autant de Boufflarick, et elle est traversée par le chemin de Sept à Boufflarick.

Tout ce qui se rattache à ces deux propriétés doit exciter vos préoccupations, car en admettant que Ben Rouan n'existe pas, ce que M. Darnaud aura à expliquer, Ben Salah existe, et cette propriété telle qu'elle est, forme une des plus belles propriétés de la Mitidja ; sa proximité de Blidah et de Boufflarick lui donne une valeur considérable, et c'est là, comme à Kodja Birry (propriété n° 49) , où vous devriez commencer à installer de grandes fermes, si vous en obtenez, (comme on doit le penser) la restitution.

Il convient d'abord de suivre très activement le procès contre M. Darnaud (et au besoin celui porté devant le tribunal de Blidah , s'il n'est joint au procès porté devant le tribunal d'Alger), afin d'obtenir les conclusions qui terminent le mémoire qui le concerne et la remise des 25 titres qui lui ont été confiés en 1835, parce que l'issue de ce procès fort grave (est un des plus étranges dont le tribunal d'Alger ait été saisi), doit avoir pour vous une grande importance.

Mais il faut en même temps s'adresser à l'administration et de l'intérieur et des finances, et ce, pour obtenir la restitution de Ben Salah, l'expulsion des Arabes qui y ont été placés, et une indemnité pour le préjudice qu'on vous a occasionné en les plaçant ainsi sur une propriété qu'on savait vous appartenir; car vos titres tels qu'ils sont, avaient déjà été déposés à l'administration, en exécution d'une ordonnance de 1840, aussi le séquestre n'a-t-il jamais été mis ni sur Ben Salah, ni sur la rente objet des poursuites de M. Darnaud.

Je vous engage à voir, chacun pour ce qui vous concerne, ce que j'ai dit à l'occasion de cette indemnité dans le mémoire relatif au procès avec ledit sieur Darnaud, afin que chacun de vous contribue de toute son énergie, à la restitution d'une propriété considérable et qui vous a occasionné tant d'embarras divers.

La demande en vérification de vos titres a été déposée au contentieux, le 8 février 1847, sous le n° 284, dossier 448.

N° 53.

JARDIN MAHMOUD.

Le 6 mars 1834, et par acte devant le cadi Maleki à Alger, les enfants Mahmoud ont vendu comme contenant 2 hectares 76 ares, la propriété n° 53 de votre tableau, moyennant 400 fr. payés comptant.

D'après le plan dressé par M. Dardé, cette propriété située à Birkadem, à 8 kilomètres environ d'Alger, ne contient qu'un hectare 95 ares 25 centiares.

Je l'ai visitée le 16 mai 1847 avec M. Larible, elle est très rapprochée de votre propriété de Ben Négro (n° 14), elle consiste en une maison en ruines, un bois planté en arbres, assez bons, une portion en terres, plantée de quelques arbres de diverses essences ; — elle est entourée de fortes haies.

Elle est occupée par un Arabe du nom de Mouloud, qui en a défriché une partie qui était ensemencée en blé et en orge cette année, la culture m'a paru mal faite. Cet individu a loué cette propriété moyennant 55 fr. pendant les trois premières années, et 60 fr. pour les trois dernières années de son bail.

Il serait convenable que votre représentant à Alger fit venir ce fermier, et lui fit sentir que sa culture est bien négligée, et qu'il nuit à ses propres intérêts en ne la soignant pas mieux ; qu'il devrait nettoyer le terrain voisin de l'ancienne maison et du puits, où il y avait plus de 5 quintaux de bons fourrages à faire en 1847, fourrages qu'il aura, sans doute, laissés perdre.

Cette propriété est désirée par un voisin qui a déjà demandé a en traiter; si vous ne faites pas restaurer l'ancienne maison, il y aurait lieu plus tard d'en faire la vente, si on vous fait des offres convenables, sans quoi on devrait la conserver, car dans l'avenir elle augmentera de valeur, à raison de son voisinage d'Alger et de sa situation à Birkadem.

N° 54.

JARDIN BEN-KELIL.

Le 6 mars 1834, et par acte devant le cadi Maleki, Mohammed-Ben-Kelil, agissant pour son père, a vendu moyennant 90 francs de rente, et comme contenant 5 hectares 94 ares, la propriété composant le n° 54 de votre tableau. M. Savary l'estime valoir 15,000 francs, bien qu'il ne l'ait louée que 80 francs par an, à un sieur Mustapha-Ben-Adbel-Kader, ancien employé de la police d'Alger.

Cette propriété que j'ai visitée le 16 mai 1847, avec M. Larible, est située à 50 mètres environ du n° 53 qui précède, sur Birkadem, elle contient d'après le plan de M. Dardé, 4 hectares 67 ares 35 centiares, elle consiste en une maison en ruines, qui pourrait et devrait être rétablie en terres qui étaient en grande partie ensemencées en blé et orge de très-belles apparence, annonçant une bonne culture et un bon sol, en une petite pièce de vignes mal soignée, et une portion de terrain en broussailles qui peuvent aussi être mises en culture. A côté de l'ancienne maison, se trouve de gros figuiers et jujubiers, quelques cactus énormes.

Toute cette propriété est close par des haies, et a une valeur locative qu'on peut évaluer à 500 francs, comme M. Savary l'indique dans son travail de 1847.

Il est très regrettable qu'il ne l'ait pas visitée avant de la louer, car d'après ses déclarations, le locataire actuel l'aurait trompé, et il aurait

cru qu'il s'agissait avec lui de la location du n° 53, et non du n° 54; pour
réparer, me disait M. Savary, la faute qu'il s'impute à cet égard, il aurait offert de ses deniers 300 francs à ce sieur Mustapha, pour qu'il ré-
siliât son bail, mais son offre aurait été refusée.

Puisque M. Savary avait conservé pour son usage le pavillon de Ben-
Négro, qui est à peine à 15 minutes de distance de cette propriété, qu'il
devait aller souvent à ce pavillon, on doit s'étonner qu'il n'ait pas voulu
visiter plutôt une propriété si rapprochée et qu'il n'ait cherché à se fixer,
qu'après avoir consenti une pareille location, et cela par 80 francs, somme inférieure à la rente que vous devez pour cet immeuble.

C'est là une faute grave, une négligence très fâcheuse, car l'exploitation
des foins de cette propriété vous eût offert, tous frais réduits, plus de
600 francs par an.

Il serait bon de vérifier si cette location ne pourrait pas être attaquée,
et si elle a pu avoir lieu en vertu de votre délibération du 28 décembre
1844. S'il y a lieu de revenir à cet égard, ce sera un acte de justice, car
il y a eu nécessairement un acte d'une insigne mauvaise foi de la part
du sieur Mustapha, en ne la louant que ce prix, en donnant le change
à M. Savary, sur ce qu'il croyait lui louer.

N° 56.

KODJA BIRRY FONDOUK.

Le 17 mars 1854, suivant acte reçu par le scheik Abd-Alazil-Ben-Mo-
hammed, la famille Kodja-Birry (composée des mêmes membres que ceux
qui ont vendu la propriété Kodja Birry Saint-Charles, n° 49 ci-dessus,
vous a cédé moyennant 720 francs de rente, toute la terre de Krachenat,
près la rivière Kenni, qu'on vous a déclaré depuis contenir 2,188 hectares (ou 200 paires de bœufs).

Dès 1856, cette propriété, quant à sa situation, était connue de M.
Morel, un de vos anciens représentants mort en Afrique, et de ceux qui lui
ont succédé.

Dans votre tableau (où cette propriété porte le n° 56). M. Savary vous disait que le domaine en avait pris 253 hectares pour les colons du Fondouck, et que le plan en serait dressé prochainement, ce plan a été dressé effectivement par M. Dardé, qui fixe la contenance totale de cette terre à 267 hectares 18 ares 16 centiares.

Si le domaine en a pris 253 hectares, il ne vous resterait donc que 14 hectares 18 ares.

Il existe, à l'égard de cette propriété, des procédures qui sont les mêmes que pour la propriété n° 49. On ne sait pas davantage comment la rente qui la grève, doit se distribuer entre tous ceux qui s'en disent les créanciers, ni à raison de quoi l'Etat aurait séquestré cette rente jusqu'à concurrence de 293 francs 88 centimes.

Les difficultés étant les mêmes, se trouvent identiques avec celles jugées par le tribunal d'Alger, le 19 mai 1847, vous devez vous reporter aux réflexions auxquelles a donné lieu cette propriété, n° 49.

Mais je crois utile de vous faire à l'égard de cette propriété, les observations suivantes, qui suivant moi, doivent être reportées à l'administration de l'intérieur, et à la direction des finances d'Alger.

Depuis plusieurs années déjà, le domaine vous a pris pour l'établissement du village du Fondouk et pour les colons du village, 253 hectares (ou d'après le travail de M. Savary, du 15 mars 1847, 255 hectares 55 ares 72 centiares), de votre propriété; bien qu'une demande en indemnité ait été formée, l'administration n'a pas encore statué, et elle ne vous a même offert aucun terrain équivalent.

Un pareil état de choses doit cesser et mérite qu'on s'en occupe sérieusement; le domaine qui avait séquestré une partie de la rente qui vous grève, s'en est fait payer jusqu'au 1er janvier 1842.

Quant aux prétendus créanciers du surplus, et qui pour la plupart habitent Alger, ils se sont fait payer jusqu'en août 1845, après avoir obtenu tant bien que mal une condamnation du 20 avril 1844.

Le paiement de cette rente qui aurait dû être suspendu par le seul fait des ordonnances de 1844 et 1846, ne l'a été implicitement que par le jugement du 19 mai 1847 qui a déclaré, quant à présent, vos adversaires non recevables dans leurs prétentions et leurs actions nulles.

Ainsi votre position offre ceci de bizarre :

1° Que le domaine paraît avoir exproprié sur vous la presque totalité de votre propriété; qu'il a séquestré à son profit 293 francs 88 centimes de la rente que vous devez; qu'il en a touché les arrérages jusqu'en 1842; qu'en août 1845 et par suite de décision judiciaire vous avez payé le surplus de ladite rente à ceux qui s'en prétendaient créanciers; que cependant vous ne jouissez de rien; que de présent encore il vous est impossible de vous fixer sur la quotité des droits de vos divers créanciers et même de ceux du domaine qui prétend à 293 francs 88 centimes,

2° Et que l'administration vous a pris bien ou mal la presque totalité de votre propriété sans avoir encore réglé l'indemnité qui vous est due, et sans vous avoir rien versé jusqu'à ce jour.

En vérité, une pareille position est ridicule et tout-à fait anormale, vous devez en sortir en vous adressant à l'administration, qui ne peut retarder sa décision sous le prétexte que le CONTENTIEUX SAISI DE VOTRE DEMANDE, en vérification sous le n° 285, dossier 449, n'a pas encore statué.

En effet, d'une part, bon nombre de vos vendeurs habitent Alger, et leur propriété antérieure à 1830 ne saurait être douteuse; elle est établie d'ailleurs par d'anciens titres annexés à un acte reçu par M. Lieutaud, notaire, le 16 août 1845; d'autre part, en séquestrant une partie de la rente que vous devez, en en percevant les arrérages jusqu'en 1842, l'administration ne doutait pas de votre qualité de propriétaire, et l'opération à faire à ce sujet par le contentieux ne devra être qu'une simple formalité en exécution des ordonnances précitées.

Dans une pareille situation, je ne puis croire que si des démarches avaient eu lieu pour presser la liquidation de votre indemnité, l'administration ne s'en fût occupée et n'eût statué; elle vous doit les arrérages de cette indemnité depuis qu'elle vous a dépossédés (en suivant sans doute les voies légales, voies que je ne puis ni approuver, ni critiquer, car j'ignore la marche qu'elle a suivie), il y a justice à s'en occuper sans délai; depuis 1834 à 1845, vous avez payé 720 francs de rente pour cette propriété dont vous n'avez jamais joui, vous avez payé des frais de condamnation et tandis qu'on vous condamnait à payer, qu'on mettait le séquestre sur une partie de la rente que vous devez, vous étiez déjà dépossédé de 255 hectares 33 ares 72 centiares de votre propriété, réduite désormais à une contenance insignifiante dans vos mains.

La propriété qui vous a été prise se compose de bons fonds, sans quoi on n'eût pas songé à y établir le village du Fondouck; partant votre indemnité doit être d'autant plus forte; en s'adressant à la direction de l'intérieur, à celle des finances et aux divers pouvoirs publics d'Alger, que cette réclamation concerne, tenez pour certain qu'ils s'en occuperont.

Toutes les demandes légitimes et sérieuses qui leur sont adressées, obtiennent leur attention et ils s'en occupent; et votre réclamation, dans l'espèce, est trop légitime pour qu'ils n'y fassent pas droit très-promptement et d'une manière satisfaisante pour tous.

On profiterait d'ailleurs de cette circonstance pour savoir si le séquestre établi par le domaine sur 293 francs 88 centimes de rente doit être maintenu, parce que le capital de cette rente servirait en partie à libérer l'administration de l'indemnité qu'elle vous accordera depuis qu'elle s'est saisie de votre bien, et en même temps on arriverait sans doute à déterminer dans quelles proportions l'excédent de la rente par vous due doit être versé à ceux qui s'en prétendent les créanciers.

L'administration a dans cette occasion les mêmes intérêts que vous, car pour elle, il s'agit de régler une affaire qui la concerne à divers titres, et de vous aider de son pouvoir et de ses bons offices pour fixer les droits de chacun; ceux du domaine, de l'intérieur, des finances, de la famille Kodja Birry et les vôtres.

M. Larible a vu en mai 1847 ce qui vous reste de votre propriété, mais il n'a pas eu le temps nécessaire pour s'occuper d'en réaliser les foins qui auront été probablement exploités par quelques voisins. Il sera bien que votre représentant à Alger se livre à cet égard à quelques investigations, afin d'obtenir, s'il y a lieu, une indemnité quelconque de ceux qui auraient ainsi approfité pour eux la récolte de fourrages excrus sur les 13 à 14 hectares de terre qui vous restent.

N° 57.

TERRE HATCHI BRAHAM.

Suivant acte devant le cadi Maleki, du 15 mars 1834, En Hammed Ben Abd Allah, naturel de Saouda, ayant agi pour la dame Nefolia Bent Allahj Omar, de Blidah, et la dame Lehalja Fatima Bent Ali Bacha, ayant agi au nom de ses deux enfants, ont vendu moyennant 400 francs de rente, toute la ferme ou hoche ALKEKIM, ou Hatchi Braham (n° 57 de votre tableau), près Semala aux Hadjoutes, comme contenant 150 paires de bœufs (ou 1303 hectares 35 ares 22 centiares.

D'après votre tableau, elle n'était pas connue en 1845, par M. Savary, bien que la rente en ait été payée jusqu'au 24 mai 1842, à un sieur Raynaud, propriétaire à Alger, qui en était devenu, le 6 août 1839, cessionnaire des arrérages pour sept années, à partir du 15 mars 1840, arrérages dont même ce sieur Raynaud aurait transporté quatre années à un sieur Roure, propriétaire à Alger, à partir du 15 mars 1845.

D'après le dernier travail de M. Savary, du 15 mars 1847, on remarque : 1° que M. Roure vous a assigné en paiement d'une année de rente, le 17 avril 1844, 2° que les 29 mars, 5 avril, 21 et 27 octobre 1846, vous avez fait assigner, et le sieur Roure et vos vendeurs, et les domaines, en exécution de l'ordonnance de 1844, en remise de titres de délimitation de propriété, etc., et cela tant à Alger, que devant le tribunal de Blidah, que le 28 octobre 1846, le tribunal d'Alger, se serait déclaré incompétent, aurait indiqué que le tribunal de Blidah ne devrait pas être plus compétent, parce que cette propriété ne serait pas dans leur juridiction, et que vous auriez été condamnés aux dépens.

.. N'ayant pas vu ces diverses procédures, je ne puis vous émettre mon opinion sur leur régularité; mais déjà l'attention de nos nouveaux conseils à Alger, a été appelée sur cette affaire, suivant une lettre du 14 juillet 1847, afin de savoir s'il conviendrait d'appeler du jugement du 28 décembre 1846, ou si l'incompétence ayant été bien admise, on pourrait maintenant reproduire devant une autre juridiction votre demande fondée sur l'ordonnance de 1844.

M. Savary, ajoute encore dans son travail de 1847, que cette propriété est très belle, qu'il doit y avoir des foins à récolter, que le quartier où elle est située, est très tranquille ; qu'en 1846, des personnes de Blidah y ont fait des récoltes, et d'après ce que lui ont dit quelques personnes, la demande de mise en possession et délimitation aurait dû être portée devant le commandant militaire de Milianah.

Ces réflexions prouvent qu'en 1847, M. Savary, avait obtenu quelques documents sur cette terre, qu'on lui a dit être très belle, puisqu'on le lui avait dit avant le mois de mars 1847, il eût pu avoir les mêmes informations depuis 1845, et se mettre en mesure de savoir par lui-même si, oui ou non, il n'y aurait pas de foins à faire, si la propriété était ou non occupée par des arabes; si oui ou non, elle ressortait du commandement militaire de Milianah; il eût ainsi prévenu le jugement d'incompétence, du 28 décembre 1846.

D'après les notes de M. Larible, cette propriété est située aux Hadjoutes, sous le télégraphe, le temps lui a manqué pour compléter ces renseignements d'une manière plus satisfaisante, mais en attendant la décision du contentieux saisi de votre demande en vérification de titres, sous le n° 286, dossier 450, il serait désirable que votre représentant se renseignât d'une manière exacte sur la nature et la consistance de cette propriété, et ses abornements, soit au contentieux, soit auprès de M. le commandant du bureau arabe de Milianah, il obtiendrait quelques documents.

Mais il a encore un autre moyen à sa disposition, M. Roure qui réclame de vous une rente, comme cessionnaire de vos vendeurs, habite Alger, il doit être renseigné sur la demeure de ses vendeurs, qui sont restés créanciers du capital de ladite rente, il a dû se fixer sur la situation et la nature de l'immeuble grévé de cette même rente; s'il ne peut rien obtenir à l'amiable , M. Savary ne pourrait-il pas faire sommer vos vendeurs et M. Roure de se présenter à jour fixe, après un avis préalable de cinq à six jours, sur l'immeuble dont il s'agit , afin de vous en faire connaître la situation exacte et les abornements, avec déclaration que faute, et par les vendeurs et par M. Roure, d'obéir à cette sommation, il en sera induit ce qu'il appartiendra à l'occasion des poursuites illégales faites au nom dudit sieur Roure qui, malgré l'art. 31 de l'ordonnance de 1846, et cette cir- constance que vous n'êtes pas encore en possession , prétend cependant se faire payer malgré les actions de 1845, qui, en supposant qu'elles aient été mal introduites à Alger et à Blidah (fait qu'on s'occupe de vérifier main- tenant, et à l'occasion duquel toutes réserves sont faites), seront au besoin reproduites devant l'autorité compétente de Milianah, si cette autorité a uridiction sur la propriété grévée de la rente dont il s'agit.

Enfin après l'avis de vos nouveaux conseils à Alger, si on ne se règle pas à l'amiable avec M. Roure et ses cédants, et qu'il faille procéder à Mi- lianah, que l'article 2,046 du Code civil, vous en laisse le droit, on ne devra pas négliger d'y avoir recours, et vous y obtiendrez justice, bien que ce soit devant une autorité militaire, parce que cette autorité sa- chant que vous avez payé pendant près de dix ans une rente, pour une propriété que vous ne connaissez pas encore, voudra qu'on vous en livre, et appliquera aussi dans votre intérêt les ordonnances de 1844 et 1846; il n'est pas besoin d'être légiste quand il ne s'agit que de l'application des règles les plus strictes de l'équité et de la raison, qui exige qu'un acquéreur soit mis en possession de l'objet acquis, pour être tenu à se libérer, lors même que les ordonnances de 1844 et 1846, ne vous ou- vriraient pas un droit spécial.

N° 60.

TERRE CHARFA

Suivant acte du 14 mars 1854, reçu par le scheik Abd-Alazil , l'il- lustre Sid-Mohammed, appelé Al-Sid, descendant du scheik Sid-Ben-Sada, a vendu pour la contenance de 150 paires de bœufs (ou 1,333 hectares), moyennant 720 francs de rente annuelle, la propriété portant le n° 60 de votre tableau, située à Charfa, dans la plaine de Beni-Mouca, consistant en terres cultivées, bois, arbres fruitiers, terres non cultivées, 4 fontaines, droit à l'eau le mercredi, plus 4 chambres en pierres.

Cette rente a été payée jusqu'au 8 septembre 1840, (sans que cette propriété fût connue), et cela à un sieur Bellard (qui n'est que le prête-nom de M. Baccuet, que vous connaissez déjà, ainsi qu'il me la déclaré dans l'étude de M. Lieutaud, notaire), lequel sieur Bellard en était devenu le cessionnaire dès le 16 mars 1835.

En 1844, le 21 novembre, M. Bellard n'étant plus payé depuis 1841, parce qu'il ne faisait pas connaître cette propriété, vous fit assigner en paiement de 3,600 francs pour arrérages, (il réclamait 5 ans, il ne pouvait en demander que 4), et en résiliation du contrat de 1834, l'argument capital de tous les spéculateurs à la rente.

Le 21 octobre 1845, il fut assigné en votre nom, en exécution de l'ordonnance de 1844, en remise de titres de limitation, etc.

Le 20 novembre 1845, un jugement du tribunal d'Alger, vous aurait condamné à payer 3,600 francs, sur le prétexte qu'ayant payé jusqu'en 1840, vous étiez réputés être en possession de cette terre, ou qu'au moins vous ne justifiez pas que vous ne possédiez point, et qu'elle n'aurait pas la contenance promise.

Toutefois, ce même jugement aurait nommé M. Dardé, pour délimiter ladite propriété, aurait ordonné le dépôt des anciens titres, sous le délai d'un mois, et à défaut suspendre le paiement de la rente. Le tout avec dépens.

Le 25 juin 1846, le sieur Bellard aurait appelé de ce jugement au chef de l'expertise, puis le 11 juillet suivant, il vous aurait intenté une nouvelle action en paiement de 720 francs pour une année de rente, échue au 14 mars 1846, sans sommation d'audience, il aurait obtenu le 28 novembre même année, un jugement par défaut, dont appel aurait été formé à votre requête, le 1er mars 1847.

Comme cette affaire avait un rapport parfait avec celle du sieur Baccuet, que le mode de procéder était le même, que comme le sieur Baccuet, le sieur Bellard ne voulait pas d'expertise, que comme avec le sieur Baccuet, vous ne connaissiez pas votre propriété, que vous n'en n'étiez pas en possession, j'ai mis tout en œuvre près de votre ancien défenseur pour qu'il me confiât, ENTIÈRES, les diverses procédures concernant cet individu, je n'ai pu les obtenir malgré mes prières et mes démarches ; ce n'est que depuis mon départ d'Alger, et par suite de signification extrajudiciaire qu'il paraît avoir remis ces pièces à M. Savary. Lorsqu'un extrait en règle vous en sera parvenu, nous verrons ce qu'il conviendra faire.

Dès à présent, cependant, je dois vous dire que l'appel du sieur Bellard est déloyal, car si votre propriété n'a pas la contenance promise, il faut bien que sa rente subisse une réduction, cela est conforme aux ordonnances de 1844 et 1846, dont les principes sont développés dans le mémoire concernant le sieur Baccuet.

Quant au jugement du 28 novembre 1846, il est nul comme n'ayant pas été précédé de sommation d'audience, et la procédure qui l'a précédée est frustre, puisque sur son appel le sieur Bellard pouvait obtenir condamnation des nouveaux arrérages qu'il disait échus en 1846.

Ces réflexions n'échapperont pas à vos nouveaux conseils à Alger.

Partant, je crois que dès qu'il aura les pièces de cette affaire, M. Audibert, votre défenseur près la cour, devra demander : 1° la jonction de ces deux appels ; la confirmation du premier jugement au chef qui a ordonné l'expertise et par appel incident la réformation au chef qui a prononcé une condamnation pour 5 ans, bien qu'il n'en fût dû que 4, et 2° parce que jusqu'à ce que l'expertise soit faite, que votre contenance vous soit livrée etc., aucune condamnation ne devrait être prononcée contre vous.

2° La nullité du jugement du 28 novembre 1846 et de la procédure qui le précède comme frustre.

Sauf après l'expertise et en cas de différence dans les contenances à demander la réduction de la rente, la répétition de tout ce qui aurait été payé en trop jusqu'en 1840, etc., etc.

Maintenant que je vous ai parlé de la procédure que je crois utile de faire suivre, si l'examen des dossiers n'opère pas de modification à mon conseil, je dois vous dire que lors de son voyage, et en mai 1847, M. Larible a été plus heureux que M. Savary ne l'avait été depuis 1844.

M. Larible a visité cette propriété le 5 mai dernier, elle lui a paru avoir environ 200 hectares, le sixième à peine de la contenance promise par l'acte de 1834; elle est située près le camp de l'Arba, à environ 1 kilomètre 1|2 du marché de ce nom, se dirige vers la montagne; elle est longée par un ruisseau à gauche; elle est bornée à l'ouest par l'oued El Djemma; elle aurait trois fontaines dans la montagne, plusieurs plantations d'orangers et figuiers; il y aurait au bas de la montagne environ 60 hectares de bonne terre cultivable, elle serait à peu de distance du chemin de l'Arba au camp d'Aumale; elle aurait droit à des prises d'eau et serait occupée par des arabes.

Voilà des renseignements que M. Savary eût dû se procurer, sans en laisser le soin à M. Larible, parce que depuis deux à trois ans il eût pu les obtenir en s'adressant à quelque chef arabe, et tirer un loyer quelconque de cette propriété, parce que quoiqu'elle soit d'une étendue bien inférieure à celle promise, elle n'en est pas moins dans une bonne situation.

Si cette terre ressort de la juridiction du commandant militaire de Milianah, il serait convenable de s'adresser à lui, soit pour obtenir l'expulsion des arabes qui y sont installés, soit pour leur consentir un bail en votre nom, et s'ils ont payé quelque loyer à quelque chef arabe, obtenir la restitution de ce qu'ils auraient payé, ou une indemnité pour raison de la jouissance que sans aucun droit ils se seraient arrogée.

On a formé en votre nom à la direction du contentieux une demande en vérification de vos titres sous le n° 287, dossier 451 ; mais le résultat de la décision à intervenir à cet égard ne doit en rien retarder les diverses recherches ci-dessus indiquées, d'autant mieux que les anciens titres de votre propriété se trouvent chez M. Lavollée, notaire à Alger, vous ne devez avoir rien à craindre des investigations de l'administration du contentieux, et tout doit se réduire pour vous à une question de contenance plus ou moins grande.

N° 61.

TERRE KOUCHECHE OU ABROMLI.

Le dernier numéro qui vous concerne dans le tableau de vos propriétés, et portant le n° 61, s'applique à la terre Koucheche, district de Beni-Mouca acquise devant le Scheik Alazil le 15 avril 1834, des deux enfants de Hamed-Ben-Ali, Ben-Mouca, Ben-Heniche, Antichresée au sieur Hamedi, Alhanafi, Ben-Mustapha, Ben-Hamedi, le tout moyennant 720 francs payés comptant.

M. Larible a visité le 16 mai 1847 cette propriété, que M. Savary n'avait pu découvrir, elle est située à environ 28 kilomètres d'Alger et à 8 kilomètres du Fondouk, et elle est bornée à l'ouest par la propriété ou ferme de M. Rayolle, et pour autre partie par l'Haouche-Brahim et Barik. Il en dépend une pièce de terre près de Roumeli, à 6 kilomètres environ de là ; la terre lui a paru de bonne qualité.

Puisqu'il y a une ferme établie à côté de cette propriété, et occupée par M. Rayolle, M. Savary eût pu la découvrir plutôt et vous en obtenir un produit quelconque.

La demande en vérification de vos titres a été formée au contentieux, le 8 février 1847, n° 288, dossier 452.

En s'adressant à M. Rayolle, M. Savary arriverait peut-être à vous trouver un fermier pour cette propriété, il sera utile de l'engager à le voir.

Telles sont, messieurs, les renseignements que je puis vous fournir, comme étant le résultat des recherches et des excursions de M. Larible, et de nos travaux communs.

Dans le rapport qui vous fût adressé le 28 décembre 1844, on vous faisait espérer que vous touchiez aux termes de vos inquiétudes sur vos POSSESSIONS EN ALGERIE, que bientôt vous en obtiendriez un produit très-avantageux, le choix qu'on avait fait de M. Savary pour votre nouveau représentant semblait légitimer cet espoir, et s'il eût rempli sa tâche comme on pouvait l'attendre de lui, assurément ces espérances se seraient en partie réalisées.

Bien que nous soyons arrivés en 1847, que votre position soit assurément meilleure qu'elle ne l'était en 1844, je ne vous dirai cependant pas que vous êtes arrivés au terme de vos incertitudes sur vos possessions Africaines.

Avec une gestion plus active et telle qu'elle eût dû être, on ne serait pas encore arrivé au moment de vous faire entendre un langage aussi satisfaisant, parce que l'ordonnance de 1844 ayant mis en doute la validité de toutes les acquisitions faites depuis 1830, en ayant ordonné la vérification, pour n'admettre que celles qui s'appuyeraient sur des titres antérieurs à la conquête, force était d'attendre que l'administration du contentieux eût statué, pour que vous puissiez être fixés d'une manière convenable, or les travaux du contentieux n'ayant commencé que depuis peu de temps, il s'en suit que les vérifications qui vous concernent n'auraient pu être effectuées, lors même qu'on se fût mieux occupé de vous qu'on ne l'a fait.

Mais en attendant ce travail indispensable, votre représentant eût certainement pu, s'il vous eût consacré tout son temps, découvrir et utiliser un bon nombre de vos biens, empêcher que des Arabes s'y installassent à votre préjudice, et prévenir ainsi une notable partie des embarras qui vous restent à vaincre.

Les excursions entreprises dans l'intérêt commun par M. Larible, auront obtenus toutefois ce résultat avantageux pour vous, que vous

savez maintenant, sauf la question de contenance, à quoi vous en tenir
sûr la réalité de vos propriétés; ce résultat est du reste fort important
pour vous.

Car maintenant, chacun de vous en consultant ce qui concerne chaque
immeuble, pourra par ses relations en Afrique, soit avec des fonction-
naires, des membres de l'armée, ou des commerçants, concourir à pro
curer à la compagnie, les documents qui se trouvent manquer pour
chaque terre et en faciliter la location à l'aide de relations dans les
pays voisins de la situation de ces mêmes immeubles.
J'ai cru faire une chose utile, en vous indiquant pour chaque
propriété ce qu'il me paraît convenable de faire, vous en apprécierez
l'opportunité.

Pour ce qui me concerne, je dois déclarer que lorsque je me décidai
à faire pour vous, le voyage d'Afrique, je fus surtout excité par cette
pensée que vos intérêts étaient trahis par ceux qui étaient chargés de les
défendre, les étranges procédures dont j'avais pu voir quelques lambeaux
me faisaient croire à la déloyauté ou à une connivence coupable avec
vos prétendus créanciers, qui exploitaient votre éloignement et votre indifférence pour vos intérêts d'Afrique ; je me rendis à Alger avec la
conviction que j'y démasquerais des actions blamables de la part de vos
représentants.

Mon voyage m'a détrompé, j'ai pu voir combien vous aviez souffert dans
vos intérêts, par la négligence de vos agents, combien la procédure y était
pitoyablement faite; mais je n'y ai découvert, au moins jusqu'à présent,
aucun acte de mauvaise foi, dans ce qui était relatif à la gestion de vos
biens, et à la direction de vos nombreux procès.

Et cette conclusion n'absout pas dans ma pensée, la négligence que je
signale, car de la part de votre ancien défenseur, elle a donné lieu à des
décisions déplorables , à des condamnations qui ne peuvent s'expliquer
que par ce fait, qu'on ne s'occupait pas de vous, et que les magistrats ne
vous voyant pas défendus, devaient admettre toutes les conclusions prises

à votre préjudice; dans les quelques mémoires que j'ai publiés dans votre
intérêt, à l'occasion de ceux de vos procès dont j'ai pu m'occuper, j'ai
signalé des procédures faites avec bien de la légèreté, et qu'en France
on ne supposerait pas possibles, je n'ai rien de plus à ajouter à cet égard.

Quant à la négligence de M. Savary, elle vous a privé de loyers qu'il
eût pu obtenir, de foins qu'il eût pu faire vendre à votre profit. Sa conduite est blâmable, car lorsque vous le croyiez s'occupant de vous exclu-
sivement, il avait accepté l'emploi de principal clerc chez Mᵉ Lieutaud ,
notaire à Alger; il vous a tenu ce fait caché, et ne l'a avoué que quand
M. Larible et moi, arrivés à Alger, ne permettions pas de dénégations,
parce qu'avant la déclaration de M. Savary, qu'il travaillait chez M. Lieutaud, nous étions déjà fixés.

Quant à ce notaire, qui, avant l'arrivée de M. Savary, à Alger, avait
été chargé de la gestion de vos biens, vous aurez à examiner, jusqu'à quel
point, il a pu sans en être responsable vis-à-vis de vous, et des tribunaux,
employer chez lui, le mandataire que vous envoyiez en 1844, pour lui
succéder, et si vous ne seriez pas fondés à invoquer contre lui l'article
1382 du Code civil. Mais dès à présent, et en réservant entière la question qui le concerne, je n'hésite pas à vous dire que la conduite de ce
notaire me parait mériter les plus vifs reproches; vous aurez à voir si
vous ne devriez pas aller plus loin, — car , sans ses fonctions de maître
clerc, dont les appointements étaient ajoutés par M. Savary au traitement de 2,400 francs que vous lui avez accordés avec un pavillon à Ben
Negro, plus tard 600 francs pour avoir un cheval, et le tiers du produit
des foins qu'il pourrait faire vendre pour votre compte, il eût certainement pu s'occuper avec plus de zèle de sa mission, et en la rendant profitable pour vous, la rendre très-utile pour lui.

Malgré les avantages que M. Lieutaud a pu faire à M. Savary, ce
dernier a mal compris ses véritables intérêts, car, si plus souvent à cheval
dans les environs de Blidah, il eût voulu rechercher et faire exploiter vos
foins, le TIERS seulement que votre comité avait bien voulu lui assurer
sur ce seul genre de recette, eût dépassé de beaucoup ses appointements de

principal clerc, si élévés qu'ils soient. — A la vérité il eût eu plus de
fatigues à éprouver; mais ces fatigues, elles étaient la conséquence du
mandat qu'il avait accepté en 1844, et le prix en était très convenablement fixé.

Pendant mon séjour à Alger, et avant mon départ, je ne lui ai pas
laissé ignorer combien sa conduite vous avait été préjudiciable, — combien il vous avait paru étrange en voyant les deux à trois comptes, qu'il
vous a adressés depuis le mois de janvier 1847, qu'il s'applique la moitié
de toutes les recettes qu'il faisait pour vous, quant à cet égard, il n'avait
aucun droit autre, que celui de 200 francs par mois, plus le tiers du
prix des foins, s'il en faisait vendre.

Vous aurez à décider encore ce que vous devez faire à ce sujet, pour
moi rien ne justifie cette comptabilité, cette allocation que de son autorité privée, il juge à propos de se faire.

Toutefois, comme il paraît avoir régularisé vos dossiers pour les déposer
au contentieux, malgré les justes reproches qu'il mérite, vous pourriez
peut-être lui laisser une légère partie de ces mêmes recettes jusqu'au
moment de la formation de votre nouveau comité; mais depuis ce moment rien de semblable ne devrait être admis et ses divers comptes des
vraient être fixés en conséquence.

M. Savary paraissant tenir à la position qu'il occupe chez M. Lieutaud et ne pouvant se livrer aux nombreuses démarches que nécessitent
l'administration et la délimitation de vos biens dans les environs de Blidah, dans toute la Mitidja et dans les Hadjoutes, il vous faut absolu-
ment un représentant direct à Blidah même, et sur lequel vous puissiez
compter, car vos intérêts sont nombreux et considérables.

Le choix de ce mandataire méritera toute votre sollicitude, car il est
grave par les résultats que vous devez en attendre; vous devez y songer
très sérieusement.

Il vous faudrait un homme actif, ayant quelques idées de culture,
mais surtout l'habitude des affaires, car la plupart des vôtres et les plus

importantes se rapportent à des propriétés situées dans l'arrondissement de Blidah.

Il conviendrait, en lui assurant des appointements fixes, de lui accorder le cinquième ou le quart de tous les loyers ou fermages qu'il pourrait percevoir de vos biens (autres que ceux de Blidah, sur lesquels il ne lui serait rien accordé) et qui dépendraient de la gestion qui lui serait confiée; lorsque l'administration du contentieux aura terminé ses opérations, que vous pourriez louer vos biens en partie et exploiter ou faire exploiter les autres, la part de ces produits offrirait une position très convenable à celui qui obtiendrait votre confiance, car dans peu d'années cette portion de produit devrait arriver à 6 ou 8,000 francs.

Une fois ce chiffre obtenu, vous pourriez stipuler qu'il n'y aurait plus d'appointements fixes. En procédant ainsi, vous arriverez, je l'espère, à avoir un mandataire sérieux et dévoué, car ses intérêts seraient liés aux vôtres, d'ailleurs son administration serait surveillée à l'aide de quelques voyages faits en Afrique par un de vos délégués.

D'un autre côté, comme vous auriez des ventes à consentir, de petites propriétés, dont la conservation ne vous paraîtrait pas utile, vous pourriez encore lui assurer 5 fr. p. 0/0 sur le prix des ventes qui seraient réalisées pendant le temps qu'il vous représenterait, ces 5 pour 0/0 sur le prix, l'indemniseraient des fermages qu'il n'aurait plus à recevoir.

Suivant moi, vous ne devez pas vous effrayer de cette idée d'abandonner ainsi une portion de vos fermages, quand vous en aurez, parce que pour vous, il s'agit d'obtenir du dévouement dont vous profiterez, et de l'obtenir dans un pays agréable à habiter, sans doute, mais bien brûlant pour ceux qui ne sont pas acclimatés.

Lorsque ce cinquième ou ce quart de produit aurait atteint 5,000 francs par exemple, à quoi s'ajouterait son traitement fixe de 2,000 francs, vous pourriez obliger votre représentant à supporter seul les frais de ses excursions hors Blidah; mais, jusque-là, vous devriez les payer seuls, car ce n'est qu'en offrant la perspective d'une position aisée et convenable que vous vous attacherez un représentant comme il vous importe d'en avoir un.

Pendant trois à quatre ans encore vous pourriez conserver M. Savary à Alger pour administrer les biens que vous avez dans l'arrondissement du tribunal d'Alger et lui maintenir jusqu'à la fin du travail du contentieux 2,000 fr. d'appointements, en lui ôtant le pavillon de Ben Negro, qu'il n'occupe pas et que vous utiliserez si bon vous semble, d'une autre manière. Après la terminaison des opérations, un traitement fixe de 1,200 fr. me paraîtrait suffisant pour qu'il dût désirer encore la conservation de votre mandat.

Cette pensée d'avoir ainsi deux mandataires, indépendamment des frais que vous aurez à faire à Rouen, pourra vous surprendre, sa mise à exécution est cependant indispensable si vous voulez vous montrer soigneux de vos véritables intérêts, car ce n'est qu'à l'aide de bons représentants que vous pourrez obtenir de grands résultats de votre opération de 1834.

Ce n'est pas tout encore, pour faire fructifier cette opération, et pour vous, et pour l'Afrique, dont vous devrez aussi vous préoccuper au point de vue de l'intérêt général, vous devrez vous imposer un nouveau sacrifice pour l'établissement de deux grandes fermes sur vos propiétés de Marman ou Kodja-Birry, lorsque ces propriétés vous seront assurées.

Si, comme on on doit l'espérer, l'Afrique prend les développements que sa fertilité merveilleuse, son voisinage de la France (dont elle n'est qu'à 40 heures), doivent lui assurer, les sacrifices apparents dont je vous parle, seront promptement recouverts; vous obtiendrez des produits considérables d'une opération faite bien légèrement, et crue long temps tout-à-fait mauvaise, quand au contraire c'est votre indifférence et l'incurie de vos agents qui, jusqu'à ce jour, l'ont empêchée d'être très profitable et à vous et à l'Algérie.

Vous aurez à réfléchir à cette pensée de construction dont je vous entretiendrai encore lorsque que LE MOMENT EN SERA VENU; mais tout en vous parlant de sacrifices nouveaux à faire, je dois vous dire cependant, que vous devez vous féliciter de vos acquisitions de 1834 ; que quelque soit le résultat des opérations du contentieux, et la différence qui se trouve dans les contenances qui vous avaient été vendues, comme vos charges devront diminuer dans la même proportion, d'après les ordonnances de 1844, vous devez compter sur des bénéfices relativement considérables, chacun sur les sommes qu'il a déboursées. — Tout en laissant cependant à ceux qui deviendront vos fermiers des avantages certains à faire valoir ces propriétés, qu'il faudra concéder pour des baux de 9 ans au moins, pour moitié au plus de leur véritable valeur locative, afin d'attirer en Afrique des travailleurs aisés déjà, actifs et intelligents, certains de doubler leur petite fortune après un bail, et après avoir mis en état, pendant les 3 premières années, de leur installation, des terres dont ils obtiendront, pendant les autres années, des produits qu'ils ne pourraient certes pas obtenir en France, où la fertilité prodigieuse du sol Africain (qui jadis nourrissait les romains), n'est pas appréciée comme elle mérite de l'être.

Pour vous donc, Messieurs, courage et persévérance dans votre entreprise de 1834, que votre zèle, à l'avenir, remplace l'indifférence que vous avez montrée dans le passé pour votre opération, une des plus considérables qui aient eu lieu en Algérie.

A Alger, on vous prenait pour des gens sans aveu et insolvables, on sait maintenant qui vous êtes, votre situation est incomparablement meilleure qu'elle ne l'était en 1844, car alors vous n'y touchiez rien ou à peu près, et dès à présent vous y possédez environ 10,000 francs de rentes, pour celles de vos propriétés qui sont louées, et je vous ai indiqué quelles étaient susceptibles d'une grande augmentation.

Quant au surplus de vos propriétés, indiquées en 1844 comme inconnues, vous savez maintenant qu'elles existent, que pour le plus grand nombre, on eût pu en tirer parti, si on s'en était occupé, profitez donc des documents que le voyage de M. Larible et le mien, nous ont mis à même de vous fournir ; préoccupez-vous de vos propriétés, réunissez-vous plus souvent à votre comité, afin d'exciter son zèle par votre présence, et pour lui apporter le tribut de vos réflexions personnelles et des documents partiels que vous pourriez obtenir et que vous jugeriez utiles.

Isolément, vous ne pourriez utiliser vos vastes propriétés (si vous en aviez fait le partage), agissant ensemble, et en suivant une même pensée, une même direction, vous pouvez tripler et quadrupler sans difficulté les capitaux engagés DANS cette entreprise, bien qu'avec les intérêts depuis 1854, ces capitaux dépassent déjà le chiffre de 700,000 francs !!!

Tenez pour certain que du jour où vous aurez des représentans dévoués, que vous aurez par votre exemple, en créant deux grandes exploitations, encouragé la culture réelle et sérieuse en Afrique, vous aurez des imitateurs, et que cette concurrence, loin de vous être défavorable, servira merveilleusement, au contraire, et vos intérêts, ceux de l'Algérie, et ceux aussi de la France, qui, plus tard, pourra trouver dans la colonie nouvelle, et près d'elle, la presque totalité des produits que le commerce va chercher à des distances immenses !

En faisant fructifier votre opération de 1854, en triplant vos capitaux, tout en servant en apparence vos intérêts exclusifs, vous servirez en même temps ceux de votre pays, si intéressés à la prospérité de l'Algérie !!!

ADDITION AU RAPPORT.

Depuis la rédaction de ce rapport, et pendant qu'on s'occupait de son impression, le Comité a reçu une lettre datée du 20 juillet, à Alger, et qui rend nécessaire d'entrer dans quelques explications.

TERRE MARMAN.

N° 12 de vos propriétés.

Dans la partie du rapport qui précède, et relative à la propriété de Marman, je vous disais que vous aviez avec M. Sionville, d'Alger, propriétaire de la rente de 540 francs grèvant cet immeuble, divers procès dont je vous entretiendrais séparément.

L'une de ces actions avait pour but de la part de M. Sionville d'avoir paiement de 10 années de sa rente de 540 francs. L'autre, intenté à votre requête, avait pour but d'obtenir la délimitation de votre propriété, d'en être mis en possession et de faire réduire la rente en cas de différence, etc. etc.

Dans un mémoire publié à Alger à l'occasion de ces procès, j'ai indiqué que la terre de Marman vous ayant été vendue pour 4,102 hectares 44 ares 30 centiares, ne contenait réellement que 756 hectares 22 ares, qu'ainsi votre rente devait être réduite de 540 fr. à 166 francs 10 cent.; qu'il n'en était dû que cinq années au lieu de dix, les années antérieures ayant été payées le 12 novembre 1843 devant M. Lieutaud, notaire à Alger ; que comme vous aviez payé depuis 1834 à raison de 540 francs, tandis que vous ne deviez que 166 francs 10 cent. M. Sionville, qui n'est que le représentant de vos vendeurs, devait être condamné à vous payer 2,991 francs 20 cent. que vous aviez payé en trop (la répétition de ce qui est payé sans être dû étant de droit) ou qu'à défaut, cette somme devrait se compenser contre le capital même de la rente ainsi réduite à 166 francs 10 cent.; que M. Sionville devrait être condamné à tous les dépens du procès.

Par une lettre du 20 juillet 1847, M. Blassel a écrit que le tribunal d'Alger avait réduit la rente de M. Sionville en conséquence de l'expertise (ce qui veut dire qu'elle est réduite à 166 fr. 10 cent. comme je le demandais), mais qu'en même temps il vous a condamné à payer cinq années de cette rente de 166 francs 10 centimes et en tous les dépens.

Bien que je n'aie pas ce jugement sous les yeux pour en apprécier les motifs, il est évident que vous devrez en appeler, car il ne donne qu'en partie satisfaction à vos droits; et il devra vous paraître très-étrange que le tribunal, réduisant à 166 fr. 10 cent. une rente de 540 fr., n'ait pas en même temps ordonné la restitution de ce que vous avez payé en trop depuis 1834.

L'ordonnance de 1844 a décidé qu'il y aurait lieu à réduction de rentes, lorsque les biens qui en étaient grevés auraient une différence de plus d'un tiers avec les contenances vendues; pour vous, vous aviez acquis 4,102 hectares de terre, l'expertise faite prouve que vous n'avez que 736 hectares) et encore vous n'en jouissez pas, car des Arabes occupent ces 736 hectares de terre), partant, c'était bien le cas, comme l'a fait le tribunal, de réduire la rente.

Mais l'ordonnance de 1844 n'a pas modifié les dispositions du Code civil qui régit l'Algérie, ainsi que cela est indiqué dans l'article 37 de l'ordonnance du 26 septembre 1842, et l'ordonnance du 16 avril 1845, qui a introduit notre procédure en Afrique, n'a rien changé aux prescriptions de notre droit, dès lors on eût dû appliquer l'article 1,235 du Code civil. Cette considération que M. Sionville n'est que le cessionnaire du créancier originaire, ne change rien à la question, car il n'a que les droits de ses cédants, et s'il ne rend pas les arrérages payés en trop, 2,991 francs 20 centimes, il faut bien qu'ils se compensent contre le capital même de la rente de 166 francs 10 centimes, seule reconnue due; au-

trement, parce que M. Sionville a trouvé bon de se substituer à vos créanciers originaires, on arriverait à ce résultat ridicule que vous devriez
recourir contre ces maures vendeurs ! Que M. Sionville use de ce
moyen, c'est son droit, mais il ne peut vous obliger à y avoir recours,
quand la rente que vous devez, doit être votre gage et répondre jusqu'à
due concurrence des répétitions que vous avez à exercer.

Je comprends bien, avec l'article 1240 du Code, que si vous aviez
remboursé à M. Sionville le capital de sa rente, vous ne pourriez maintenant lui en demander la restitution, parce que vous seriez évincés; il
aurait reçu de bonne foi et tout serait dit; mais vous n'avez pas remboursé et vous êtes dans votre droit en soutenant que les 2,991 fr. 10 cent.
que vous avez payés en trop doivent se compenser contre la rente que
vous devez, et que, comme 166 fr. 10 cent., au denier 10, offrent un
capital insuffisant pour la restitution qui vous est due, vous devrez être ré-
servés à agir contre vos vendeurs originaires pour la différence.

Ce jugement vous cause encore un autre grief, il vous a condamné à
tous les dépens, et cependant au lieu de 4,102 hectares, votre propriété
n'en contient que 736, il a fallu une expertise pour connaître et fixer une
aussi énorme différence. Eh bien ! si vous étiez en présence de vos vendeurs, évidemment il n'y a pas de magistrats en France qui ne fussent in-
dignés de rencontrer la preuve d'une aussi insigne mauvaise foi, et qui
n'eussent mis les dépens d'expertise et suite à la charge des vendeurs;
dès-lors, est-ce parce que M. Sionville serait cessionnaire que la décision devrait être différente ? assurément non, car c'est à l'occasion de son
action que cette expertise a eu lieu (et elle coûte 1,811 fr. 20 cent.
réclamés par l'expert), donc, il est juste qu'il en subisse toutes les conséquences.

J'aurais compris qu'on eût décidé que les frais seraient supportés par
vous dans la proportion de la contenance trouvée à celle manquant;
mais je ne puis m'expliquer qu'on vous ait mis à charge la totalité des
dépens dans les circonstances que je signale; car il faudrait se décider
toujours à être dupé, de peur d'avoir à faire des frais judiciaires, dont les

résultats, pourtant, seraient d'instruire la justice de la mauvaise foi avec laquelle bon nombre d'Arabes ont traité, et on arriverait ainsi à des conséquences absurdes, que les acheteurs de rente eussent empêché s'ils avaient voulu se renseigner sur la consistance réelle des biens dont ils achetaient les rentes.

Je sais bien que quelques magistrats se sont à tort préoccupés de cette idée, que les acquéreurs de biens, ont dans certains cas, acheté à bas prix des propriétés considérables, et sont partis de là pour décider que les rentes seraient continuées, malgré les différences reconnues exister dans les biens vendus ; mais de pareilles idées ne sont pas raisonnables, elles sont contraires au droit et aux ordonnances, et les acquéreurs de rentes ne sont pas dignes de tant d'intérêt, qu'en leur faveur on doive faire fléchir les règles de la raison et de la loi.

Que dans un pays sauvage on puisse se décider par d'autres considérations que celles que je viens d'indiquer, je le concevrais; mais en Algérie, nous sommes en France, nos lois y sont en vigueur, elles doivent y être exécutées, à peine de n'être plus qu'un mensonge, ET LE MENSONGE EN PAREIL CAS, CE SERAIT UN MALHEUR PUBLIC ! ! !

Imp. de A. SURVILLE, rue des Bons-Enfants, 46, à Rouen.

www.ingramcontent.com/pod-product-compliance
Lightning Source LLC
Chambersburg PA
CBHW070905280326
41934CB00008B/1586